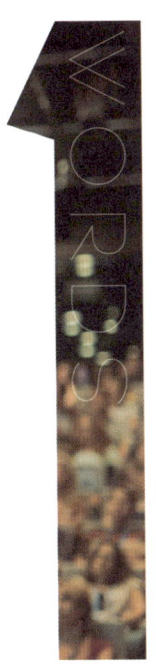

# 하루 1분
# 인생영어

YM기획 엮음
성재원 감수

베프북스

| 감수사 |

여러분의 인생을 바꾸게 해 준 명언이 있나요? 저는 스티브 잡스가 했던 'Connecting the dots'라는 말이 가장 기억에 남습니다. 과거의 경험들이 점처럼 모이면 하나의 선이 되고, 그것이 언젠가 미래에 어떤 방법이든지 이어진다는 얘기인데요. 진로 문제로 고민하고 방황하던 저에게 큰 충격을 주었던 말입니다. 이후에 스티브 잡스의 스탠포드 연설문을 찾아보면서 그의 말 한 마디 한 마디를 가슴에 담았습니다. 이후에 누가 '당신의 멘토는 누구인가요?'라고 물어보면 주저없이 스티브 잡스라고 말했습니다.

최근에 멘토의 중요성에 대한 이야기가 많이 들립니다. 속도보다는 방향이 중요한 이 때, 좋은 방향성을 제시해 줄 수 있는 멘토의 존재는 그 무엇보다 중요하기 때문입니다. 그래서 이 책이 더 소중해 보입니다. 아직까지 찾지 못했던 여러분들의 멘토를 찾는 데 도움이 되어 줄 수 있기 때문입니다. 세상 어디에도 없었던 아이디어와 개념을 만들어낸 이들부터 몇 마디의 말, 몇 십 분의 연설로 세상을 흔들어 놓은 이들까지. 이 책에는 다양한 분야의 훌륭한 분들의 이야기와 말들이 담겨 있습니다.

이 책에서는 매주 다른 테마의 인물을 만나실 수 있는데요. 매주 한 명의 멘토와 만남을 가진다고 생각하셨으면 좋겠습니다. 그들의 흥미로운 에피소드를 보고 난 후에, 그 분들이 명언들을 하나씩 음미해보세요. 함께 있는 영어 단어와 예문들을 함께 익혀 주셔도 좋습니다. 다양한 영어 단어, 숙어, 주요 문법 설명들이 함께 있기 때문에 영어 공부를 하기에도 손색이 없는 책입니다. 그냥 눈으로만 보는 게 아니라, 손으로 직접 써보고 입으로 말해보기까지 한다면 여러분들의 영어 실력도 꾸준히 향상될 수 있을 겁니다.

《하루 1분 인생영어》를 진작 만났다면, 제가 방황하면서 겪었던 고민의 무게를 조금은 덜 수 있을까 하는 생각을 해보았습니다. 그리고 어렵고 지루하게만 느껴져서 멀리 했던 영어 공부를 조금 더 편하게 접근할 수도 있었을 겁니다. 영어 강사로서 학생들에게 동기부여를 시키는 것은 저의 가장 큰 숙제이기도 합니다. 그리고 이 책은 저의 이런 부담을 덜어줄 수 있을 것 같아서 기대가 많이 됩니다. 영어 공부 때문에 지친 학생들과, 방향성을 찾지 못해 헤매는 분들에게 기쁜 마음으로 이 책을 선물하려고 합니다.

# CONTENTS

**감수사** · 004

**Chapter1** _ '세상을 리드하다', 혁명, 혁신가들의 말 · 007
**Chapter2** _ '생각의 창을 열다', 철학자들의 말 · 105
**Chapter3** _ '삶과 사랑, 자유를 외치다' 예술가들의 말 · 161
**Chapter4** _ 어떤 말, 어떤 생각 · 283

★ 하루 1분 인생 영어, 이렇게 활용하세요.

- 매주, 다른 테마로 인물을 선정하여 흥미로운 에피소드와 함께 소개합니다. 다양한 분야의 인물들과 그들의 삶과 말을 통해 상식을 넓히고, 더불어 삶에 교훈과 위로를 얻을 수 있습니다.
- 주말을 제외한 5일 동안 영어 명언 한 문장과 함께 관련 영단어, 숙어, 주요 문법 등을 익힐 수 있게 구성했습니다. 하루에 한 장씩 차근차근 꾸준히 읽어나가시길 권합니다.
- 각 페이지 옆의 여백 공간에 명언을 써보거나 영어 단어를 쓰며 익혀보세요.

# Chapter 1.

## '세상을 리드하다', 혁명·혁신가들의 말

세상 어디에도 없었던 아이디어와 개념을 만들어낸 이들부터
몇 마디의 말, 몇 십 분의 연설로 세상을 흔들어 놓은 이들까지.
세상을 바꾸어 놓은 리더들에게 세상을 살아갈 통찰을 묻다.

# [1Week]
## 경영학의 아버지, 피터 드러커 Peter Drucker

작가이자 경영학자로 현대 경영학의 아버지로 평가 받는 피터 드러커. 그를 만든 특별한 독서습관이 있었다는 사실을 아시나요? '한 가지 주제에 대한 집중적인 공부 계획을 가지고 책을 읽는 것'이 바로 그것이라고 합니다. 그는 늘 3개월간 3년 마다 '셰익스피어의 전집 천천히 주의 깊게 다시 읽기'처럼 새로운 주제를 구체적으로 정해 집중적으로 공부했다고 해요.

이런 지식의 경계 없는 다방면의 독서는 그의 독특한 이력과도 연관이 있습니다. 오스트리아 빈에서 태어난 그는 독일 프랑크푸르트에서 법학 박사 학위를 취득하고, 영국 런던으로 이주해 경영 평론가가 되었으며, 이후 영국 신문사의 재미통신원으로 미국으로 가 학자 겸 경영고문으로 활약했습니다. 이렇게 여러 나라에서 살면서 다양한 직업을 가졌던 열린 경험들이 있었기에 다방면의 지식에 대한 관심과 꾸준한 공부가 가능했던 것이 아닐까요? 결국 열린 경험과 독서습관이 '분권화', '목표 관리', '지식 노동자', '경영 컨설턴트'와 같은 당시 세계를 놀라게 했던 신 개념을 만들어내는 동력이었던 것입니다. 여러분도 피터 드러커처럼 구체적인 독서계획을 세워서 주기적으로 다양한 분야의 책을 접해 보는 건 어떨까요?

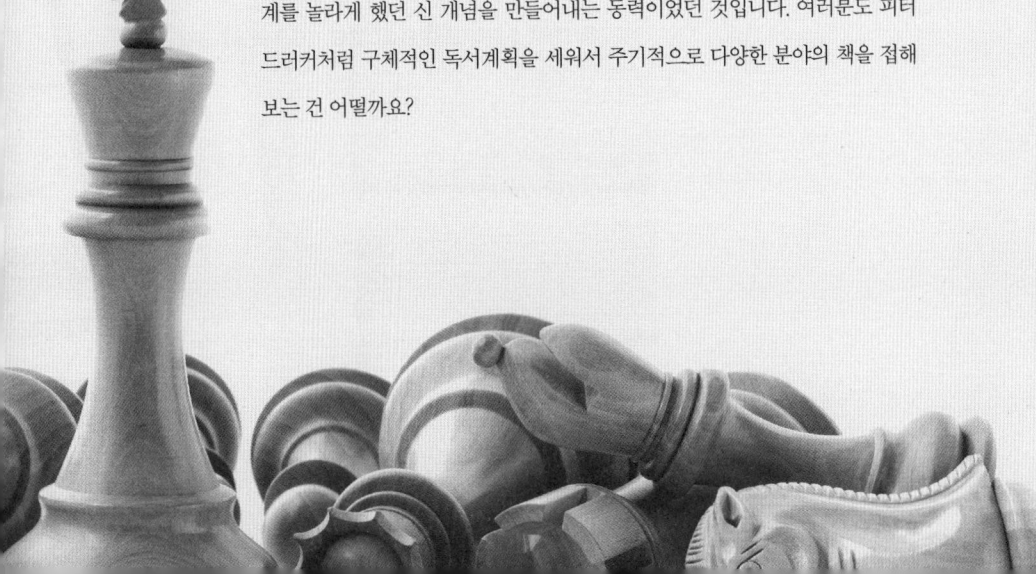

# Day1

하지 말아야 할 것을 효율적으로 하는 것보다 더 비생산적인 것은 없다.

**less than**
: ~보다 적은
**no less than**
: 자그마치
**nothing less than**
: 다름 아닌 바로, 그야말로

**productive**
: 생산적인
**productive workers**
: 생산성이 높은 노동자
**a productive meeting**
: 결실 있는 회의

**Nothing is less productive than to make more efficient what should not be done at all.**

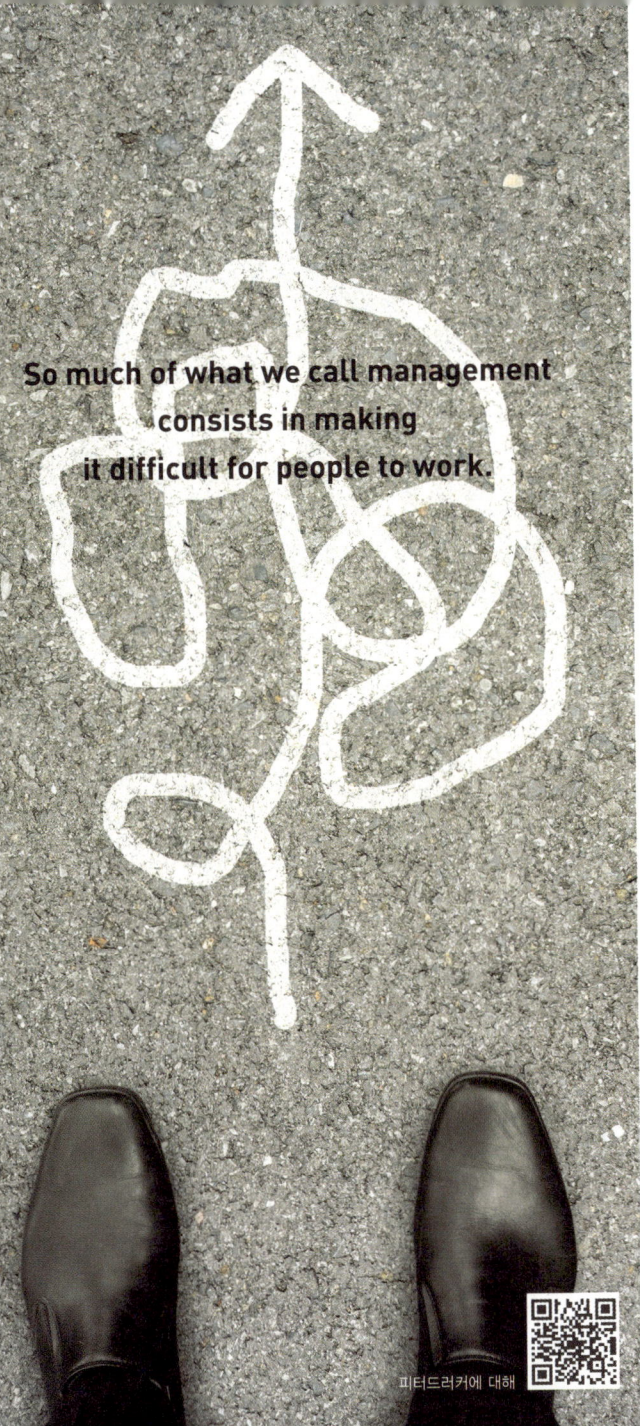

Day2

So much of what we call management consists in making it difficult for people to work.

우리가 경영이라고 하는 것은 상당 부분 직원들이 일하기 어렵게 만드는 것들로 구성되어 있다.

**consist**
: (부분·요소로) 되어 [이루어져] 있다
Merged part must consist of a single connected component.
: 병합된 부품은 하나의 연결된 구성요소로 구성되어 있어야 합니다.

피터드러커에 대해

# Day3

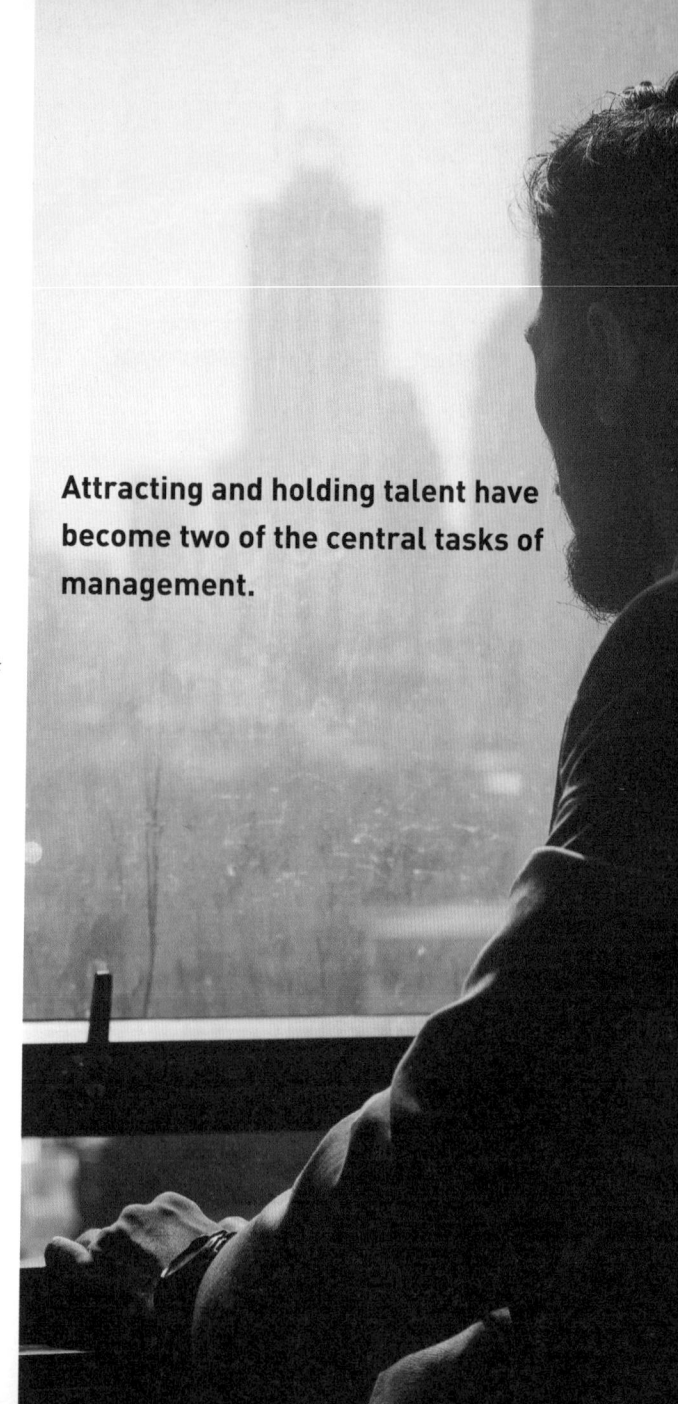

**Attracting and holding talent have become two of the central tasks of management.**

매력과 끈기는 경영자가 가져야 할 두 가지 덕목입니다.

talent
: 재주, (타고난) 재능, 장기
a unique talent
: 특별한 재능
an inborn talent
: 선천적인 재능
nurture a talent
: 인재를 양성하다
a God-given talent
: 천부적인 재능
a talent for mimicry
: 흉내 내는 재주

# Day 4

계획은 즉각적으로 열심히 수행되지 않으면 그저 좋은 의도에 지나지 않는다.

**degenerate**
: (도덕적·육체적·정신적으로) 악화되다

The march degenerated into a riot.
: 시위대의 행진이 악화되어 폭동이 되었다.

The argument rapidly degenerated into a fight.
: 논쟁이 곧 싸움으로 바뀌었다.

Plans are only good intentions unless they immediately degenerate into hard work.

피터드러커_혼란기 시대의 경영

# Day 5

어떤 기업이 성공했다면, 그것은 과거에 누군가 용기 있는 결정을 내렸다는 말이다.

courageous
: 용감한
be courageous
; 담력이 있다
be courageous enough to~
: 용감하게도 ~하다.
follow a courageous course
: 용감한 행동을 취하다.
a courageous pronouncement concerning~
: ~에 관한 용감한 선언(宣言)

**Whenever you see a successful business, someone once made a courageous decision.**

# [2Week]
## 프랑스 계몽주의를 대표하는 지식인, 볼테르 Voltaire

프랑스 계몽주의를 대표하는 18세기 프랑스 대표 작가 중 한 명인 볼테르의 본명은 프랑수아 마리 아루에(François-Marie Arouet)입니다. 볼테르에게 본명이 따로 있었다는 사실에 놀랐겠지만, 아직 놀라기는 이릅니다. 그에게는 이것 말고도 무려 160가지의 필명이 있었거든요.

문학사가 랑송은 볼테르의 성격을 이렇게 묘사했습니다. "그는 매우 복잡한 성격의 소유자로, 거기에는 모든 상반적인 것이 섞여 있었다. 자존심이 세고, 신경질적이고, 원한을 잊지 않고, 타산적이고, 아첨에 능하지만, 반면 친구에게는 의리가 있고, 가난뱅이 문인들에게는 지갑을 털어 주고, 모든 올바른 일에는 아낌없이 몸을 바쳤다."

가볍지만 재치 있고, 오류가 많지만 그걸 개선하려고 노력하는 그의 모습이 우리 인간이 지닌 특성을 잘 보여주는 듯합니다. 때로는 한없이 나약한 인간이지만, 오류를 발견하고 바꾸어나가려 노력하는 것에서 인간은 늘 가능성이 있는 것이 아닐까요?

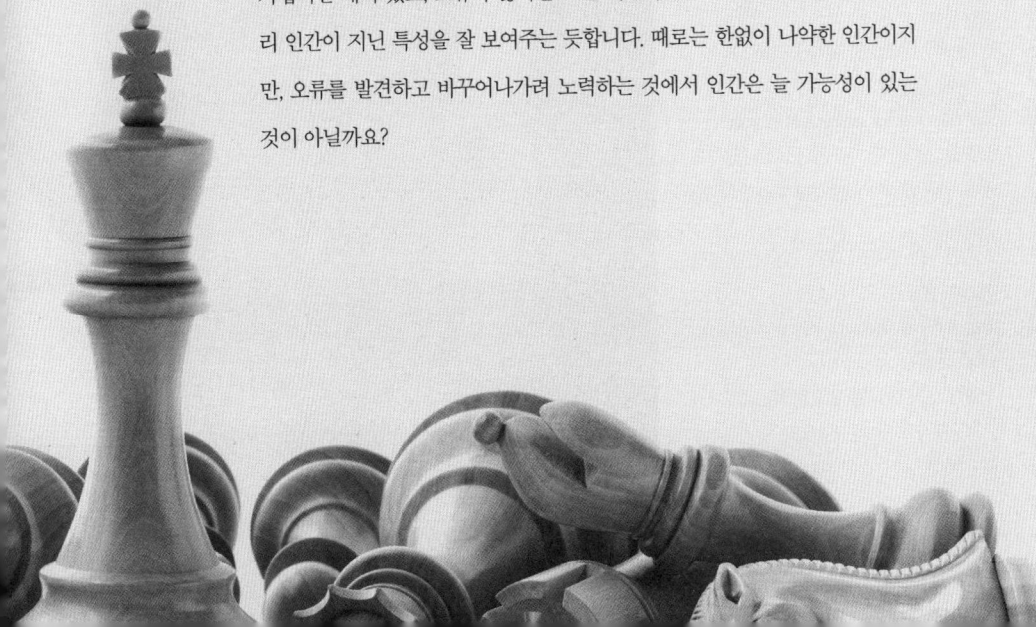

# Day1

Love truth,
and pardon error.

진실을 사랑하고
실수를 용서하라.

**pardon**
: (동사) (죄인에 대해) 사면하다,
 ~를 용서하다
Pardon me for interrupting you.
: 말씀하시는 데 끼어 들어서 미안해요.
You will pardon the personal reference.
: 개인적인 문제에 대해 언급하는 것을 용서해 주십시오.
Pardon my asking, but is that your husband?
: 이런 질문해도 될지 모르겠는데, 저 분이 당신의 남편 되시나요?

볼테르에 대해서

# Day2

속이기 위해 말하는 것과 알 수 없는 사람이 되기 위해 침묵하는 것은 크게 다르다.

**impenetrable**
: 들어갈(관통할) 수 없는;
  눈앞이 안 보이는

an impenetrable barrier
: 뚫기 어려운 장벽

an impenetrable mystery
: 불가해한 신비

an impenetrable jungle
: 헤치고 들어갈 수 없는 밀림

men impenetrable by[to] new ideas
: 새로운 사상을 받아들이지 않는 사람들

There is a wide difference between
speaking to deceive,
and being silent to be impenetrable.

# Day 3

Men are equal;
it is not birth but virtue that
makes the difference.

인간은 평등하다. 그러나 태생이 아닌 미덕이 차이를 만든다.

virtue
: 선, 선행
Virtue triumphs over vice in the end.
: 선은 결국에는 악을 이긴다.
Our main virtue is respect for elders.
: 우리의 중요한 미덕은 손윗사람을 공경하는 것입니다.
Humility is considered a virtue in Korean society.
: 한국 사회에서는 겸손을 미덕으로 여긴다.

# Day 4

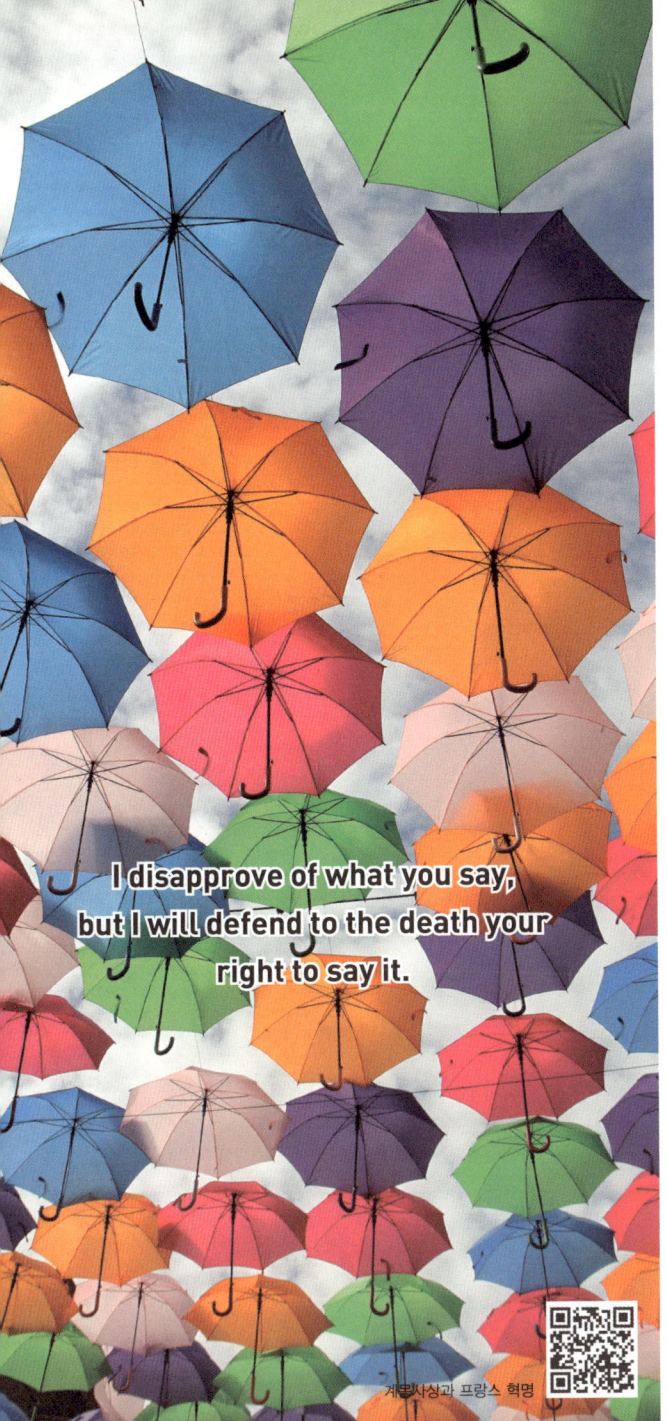

나는 당신 말은 부인하지만, 말할 권리는 절대 옹호한다.

### disapprove
### : 탐탁찮아(못마땅해) 하다

비슷한 의미로 사용할 수 있는 표현으로는 'object to(…에 반대하다), dislike(싫어하다, 좋아하지 않다)' 등이 있고, 반대로 '승낙하다, 동의하다'는 의미로 사용할 수 있는 단어로는 approve 가 있습니다.

I disapprove of what you say, but I will defend to the death your right to say it.

계몽사상과 프랑스 혁명

# Day5

편견은 분별없는 견해다.

prejudice
: 편견
have a prejudice
: 편견을 가지다
overcome the prejudice
: 편견을 극복하다
cast away a prejudice
: 편견을 버리다
throw out a prejudice
: 편견을 버리다
win free from prejudice
: 편견에서 벗어나다

**Prejudice is opinion without judgement.**

# [3Week]
## 디지털 혁명을 이끈 리더, 스티브 잡스 Steven Paul Jobs

애플 사社의 창업자로, 매킨토시 컴퓨터, 아이폰, 아이패드 등을 출시하여 IT 업계에 새로운 바람을 불러일으킨 스티브 잡스. 그가 세상을 떠나고 어느덧 아이폰은 출시된 지 10주년을 맞이했습니다. 그런데 애플의 아이폰이 탄생하게 된 데에는 특별한 에피소드가 있다고 합니다.

어느 날 스티브 잡스는 한 사교모임에 참석했는데, 그곳에서 마이크로소프트 직원을 만나게 됩니다. 그가 스타일러스 펜을 입력 장치로 쓰는 태블릿 PC 개발이 진행 중이라고 자랑을 하자, 원래 터치스크린으로 작동하는 태블릿PC를 개발하려 했던 계획을 수정해 '스타일러스 펜이 아닌 손가락으로 작동하는 터치스크린 장치를 개발하라'는 지시를 내렸다고 합니다.

누군가는 이런 독단적이고 경쟁적인 스티브 잡스의 면모 때문에 그가 많은 것을 잃었다고 평가하기도 합니다. 하지만 한 편으로는 이런 괴짜에 가까운 승부욕이 있었기 때문에 남들보다 한 발 앞선 제품을 만들어낼 수 있지 않았을까요?

# Day1

혁신은 리더와 추종자를 구분하는 잣대입니다.

**distinguish**
: 구별하다
**distinguish clearly**
: 뚜렷이 구별하다
**distinguish colors**
: 색깔을 식별하다
**distinguish from**
: ~와 구별하다.
**distinguish one from another**
: 어떤 것을 다른 것과 구별하다

**Innovation distinguishes between a leader and a follower.**

스티브 잡스_EBS다큐

# Day2

I'm convinced that the only thing that kept me going was that I loved what I did. You've got to find what you love. And that is as true for your work as it is for your lovers.

내가 계속할 수 있었던 유일한 이유는 내가 하는 일을 사랑했기 때문이라 확신합니다. 여러분도 사랑하는 일을 찾으셔야 합니다. 당신이 사랑하는 사람을 찾아야 하듯 일 또한 마찬가지입니다.

**be convinced**
: 확신하다

You will soon be convinced that she is right.
: 그녀가 옳다는 것을 당신도 곧 확신하게 될 것이다.

I am not convinced that will be allowed.
: 나는 그것이 허가받을 것이라고 확신하지 않는다.

I'd be more convinced you were done with him.
: 네가 그와 끝났다는 게 더 설득력 있겠는걸.

# Day3

품질이 물량보다 더 중요합니다.
한 번의 홈런이 두 번의 2루타보다 나아요.

more ~ than
: ~라기보다는 오히려 ~
He is more beautiful than ugly.
: 그는 못 생겼다기보다 오히려 잘생겼다.
The truth is more important than the facts.
: 진실은 사실들보다 중요하다.
Imagination is more important than knowledge.
: 지식보다 중요한 것은 상상력이다.

**Quality is more important than quantity. One home run is much better than two doubles.**

# Day4

**A lot of times, people don't know what they want until you show it to them.**

많은 경우 사람들은 원하는 것을 보여주기 전까지는 무엇을 원하는 지도 모른다.

a lot of
: 많은
There was a lot of traffic.
: 차가 많이 막혔어.
The country produces a lot of apples.
: 그 지방에서는 사과가 많이 나온다.
There are a lot of people from every country.
: 각국에서 많은 사람들이 왔다.

스티브 잡스_1984년 매킨토시 프레젠테이션

# Day5

우리가 이룬 것만큼, 이루지 못한 것도 자랑스럽습니다.

be proud of
: ~을 자랑으로 여기다,
  의기양양해하다
be most proud of
: ~을 가장 자랑스러워하다
be justifiably proud of~
: ~을 자랑하고 있는데 그것은 당연하다.
he might well be proud of~
: 그가 ~을 자랑하는 것도 당연하다.

I'm as proud of what we don't do as I am of what we do.

## [4Week]
## 마케팅의 아버지, 필립 코틀러 <sup>Philip Kotler</sup>

필립 코틀러는 '마케팅의 아버지'라 불리는 마케팅의 대가이자 세계적인 경영 사상가입니다. 2001년 〈파이낸셜타임스〉가 선정한 비즈니스 구루에 잭 웰치, 피터 드러커, 빌 게이츠에 이어 4위에 이름을 올릴 정도로 영향력 있는 학자지요. 그가 강연을 하기 위해 한국에 방문한 적이 있었습니다. 강연 후 청중들이 사인을 받으려고 길게 줄을 서 있었는데, 한 노신사가 필립 코틀러에게 두껍고 낡은 마케팅관리론 양장본을 자랑스럽게 내밀었습니다. 그는 이 책을 대학 신입생 때 접하고 지금의 큰 기업체 임원이 된 지금까지 매일 밑줄을 그어가며 읽어오고 있다고 흥분하여 이야기했습니다. 그러자 필립 코틀러는 "초판을 아직도 줄을 쳐가며 읽고 있다구요? 그동안 죽어있는 마케팅을 외우고 계셨네요."라고 말했다고 합니다.

끊임없이 변화하는 세상과 함께 모든 이론은 끊임없이 변화합니다. 끊임없이 연구하고 공부하고 변화를 감지하는 노력이 어떤 이론서보다 더 도움이 됩니다.

# Day1

전략적으로 올바른 것을 하는 것이 당장 수익을 내는 것보다 더욱 중요하다.

**strategically**
: 전략적으로, 전략상으로.

'전략상 중요한, 전략적인'이라는 의미로 사용하려면 형용사 strategic을 사용할 수 있습니다.
strategically는 부사로 동사나 형용사를 꾸며주고, strategic는 형용사로 명사를 꾸며줍니다.

a strategically important target
: 전략적으로 중요한 목표
strategic planning
: 전략상 중요한 계획

It is more important to do what is strategically right than what is immediately profitable.

# Day2

Guard your name, be clear about who you are.

명망을 지켜내고 당신이 누군지를 분명히 하라.

**Guard**
: 지키다, 보호하다, 경비를 보다
<u>명사로는 경호원, 보초, 감시 등의 의미로 사용됩니다.</u>
a camp guard
: 수용소 경비병
keep a guard
: 보초를 두다
guard against something
: ~이 생기지 않도록 경계하다
keep guard
(over somebody/something)
: (~을) 지키다, 보호하다

필립 코틀러_인터뷰

# Day 3

**Love your customers,
respect your competitors.**

고객을 사랑하고 경쟁자를 존중하라.

respect
: 존경하다
We respect too much each other.
: 우리는 서로를 존중한다.
I respect his idea.
: 나는 그의 생각을 존중한다.
People respect dogs as equal beings among all living things.
: 사람들은 지구상의 생물 중에 개를 동등한 존재로서 존중한다.

필립 코틀러_강연(인터넷 마케팅)

# Day4

변화를 민첩하게 포착하고 언제든 변화할 태세를 갖추라.

**be ready[willing] to**
: ~하기를 불사하다

Will they be ready to deal with this kind of talent?
: 그들은 이러한 재능에 맞설 준비가 되어 있을까?

Sure, I can be ready to leave by then.
: 물론이죠. 그때까지는 떠날 준비가 다 될 거예요.

I'll be ready to go in about five minutes.
: 5분쯤 후에 나가요.

# Day5

정보를 꾸준히 모으고, 지혜롭게 의사결정하라.

relevant
: (논의 중인 주제·생각하는 상황과 밀접하게) 관련 있는, 적절한

relevant experience
: 관련 경험

relevant Act
: 관계법률

destroy relevant documents
: 관련 서류를 말소하다

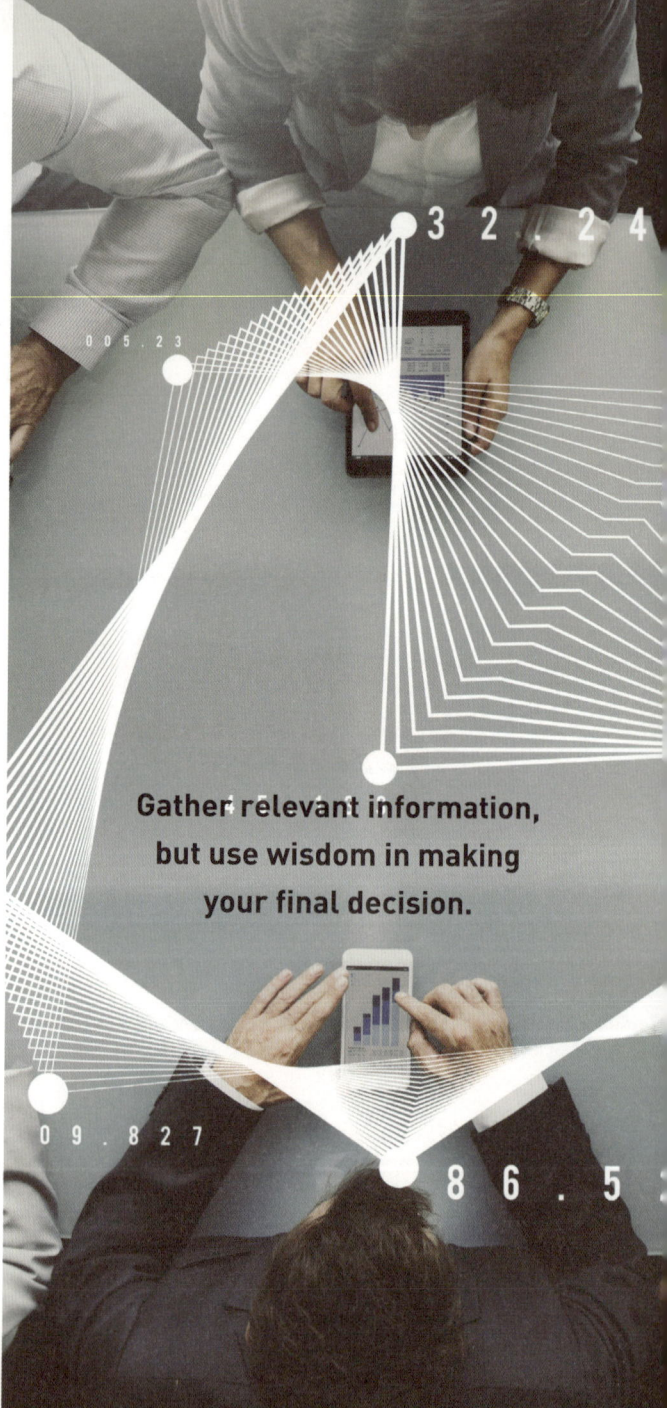

Gather relevant information, but use wisdom in making your final decision.

# [5Week]
## 빌 게이츠 Bill Gates

최초의 소형 컴퓨터용 프로그램 언어인 베이직(BASIC)을 개발하였으며 마이크로소프트사를 설립하고 퍼스널 컴퓨터의 운영체제 프로그램인 '윈도우즈(Windows)' 시리즈를 출시한 빌 게이츠. 세계에서 부의 순위로 한두 손가락 안에 늘 꼽히는 그가 사실 어린 시절 ADHD를 겪었다는 사실, 알고 있나요? 변호사인 아버지, 금융기업 이사인 어머니 사이에서 유복하게 자란 금수저처럼 보이는 빌 게이츠에게도 이런 극심한 장애물이 있었던 것이지요. 당신에게 있어 당신이 극복해야 할 장애물은 무엇인가요? 혹시 환경을 탓하고 주변과 끊임없이 비교하는 태도가 당신의 장애물은 아닌지 곰곰이 생각해볼 일입니다.

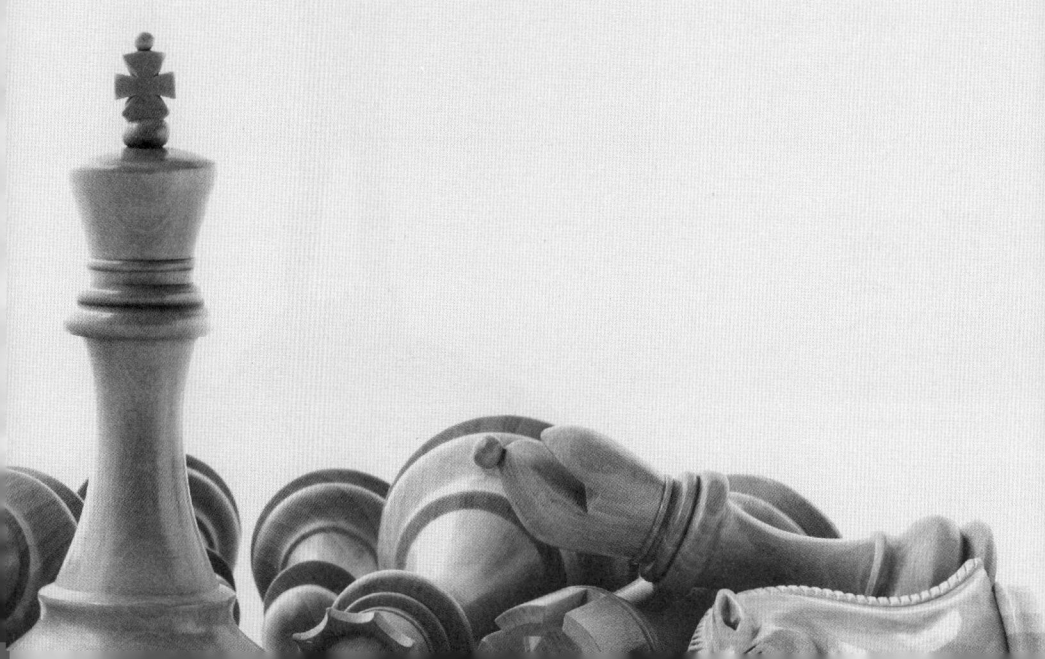

# Day 1

**Success is a lousy teacher.
It seduces smart people into
thinking they can't lose.**

성공은 형편없는 선생이다. 똑똑한 사람들로 하여금 절대 패할 수 없다고 착각하게 만든다.

**lousy**
: 안 좋은, 엉망인
What lousy weather!
: 날씨 정말 더럽군!
I feel lousy.
: 오늘 몸이 안 좋아.
The movie was lousy.
: 정말 형편없는 영화였다.

빌 게이츠_강연

# Day2

좋게 만들 수 없다면 적어도 좋아 보이게 만들어라.

**at least**
: 적어도, 최소한

Fortune knocks once at least at every man's gate.
: 행운은 최소한 한 번은 모든 사람의 문을 노크한다.

It'll take a year, at the very least.
: 그것이 최소 일 년은 걸릴 것이다.

We need eleven more players at the least.
: 우리는 최소한 11명 이상의 선수가 필요하다.

# Day 3

Your most unhappy customers are your greatest source of learning.

가장 불만에 가득 찬 고객은 가장 위대한 배움의 원천이다.

unhappy
: 불행한, 슬픈
unhappy with
: ~에 불만인.
make (a person) unhappy
: 남의 기분을 언짢게 하다
unhappy news
: 반갑잖은 소식

빌 게이츠_다큐

# Day4

**We've got to put a lot of money into changing behavior.**

행동을 변화시키려면 많은 돈을 투자해야 한다.

**behavior**
: 행동, 거동, 행실, 품행, 태도
People found his rude behavior objectionable.
: 사람들은 그의 무례한 행동으로 불쾌해했다.
His word and behavior wore on me.
: 그의 언행과 태도는 나의 신경을 거슬렀다.
His behavior was a dishonor to the whole school.
: 그의 행동은 학교 전체에 불명예였다.

# Day 5

나는 의사소통을 진작시키는 모든 도구가 사람들이 서로 배우는 방식, 누리고자 하는 자유를 얻어내는 방식에 지대한 영향을 미친다고 굳게 믿는다.

### enhance
: (좋은 점 · 가치 · 지위를) 높이다, 향상시키다

비슷한 의미로 사용할 수 있는 단어로는 improve(개선하다; 증진하다, 진보시키다), better(개량하다), increase(번식하다, 증식하다), strengthen(강하게 하다, 튼튼하게 하다, 증강하다, 강화하다; 증원하다), reinforce(강화하다, ~의 힘을 북돋우다; 보충하다) 등이 있습니다.

I'm a great believer that any tool that enhances communication has profound effects in terms of how people can learn from each other, and how they can achieve the kind of freedoms that they're interested in.

# [6Week]
## 발명왕, 토마스 A. 에디슨 Thomas Alva Edison

특허수가 1,000종이 넘을 정도로 많은 발명을 한 발명왕 에디슨. 수많은 발명 중에서 백열전구를 발전시키고 생산법을 발명한 것은 우리 삶을 획기적으로 바꾸어 놓았지요. 하지만 세상의 칭송과 반대로 가정은 매우 불행했습니다. 도무지 가정을 돌볼 줄 몰랐던 그의 첫째 부인은 알콜 중독으로 20대에 요절했고, 큰 아들인 토마스 에디슨 주니어는 아버지의 이름을 팔아 가짜 건강기계를 파는 사기꾼이 되었습니다. 그런데 더 놀라운 사실은 그 사실을 안 에디슨이 아들을 명예훼손으로 고소하고 개명까지 요구한 것입니다. 결국 아들은 개명을 하지만 사기 피해자들에게 시달리다가 결국 길거리에서 객사하게 됩니다.

에디슨하면 어린 시절 달걀을 직접 부화시키겠다고 달걀을 품은 어린 아들의 호기심을 지지해주었던 어머니의 일화가 유명합니다. 실제로 에디슨은 이렇게 말하기도 했지요.

"어머니께서 나를 만드셨다. 어머니께서는 진실하셨고 나를 믿어주셨다. 덕분에 나는 내가 뭔가를 해낼 수 있다는 느낌을 가졌고, 어머니를 실망시켜드리지 않아야 한다고 생각했다."

에디슨 역시 그의 어머니처럼 자녀들을 믿어주고, 보살펴 주었다면 제 2의 에디슨이 나올 수 있지 않았을까 하는 아쉬운 마음이 듭니다. 혹시, 여러분이 지금 놓치고 있는 것은 무엇인가요?

# Day1

정신노동을 피하기 위해 인간이 쓰지 않는 편법은 없다.

**expedient**
: 편리한, 편의주의적인
employ an expedient
: 편법을 동원하다
adopt an expedient
: 편법을 쓰다
resort to an expedient
: 편법을 쓰다

**labor**
: 노동, 근로
If you wish to be at rest, labor.
: 쉬고 싶으면 일하라.
He hasn't done any manual labor.
: 그는 노동을 해 본 일이 없다.

There is no expedient to which a man will not go to avoid the labor of thinking.

# Day2

**We don't know a millionth of one percent about anything.**

우리는 그 어떤 것에 대해서 1억 분의 1도 모른다.

**millionth**
: 100만 번째, 1억
<u>숫자 단위들을 더 알아볼까요?</u>
million
: 100만
billion
: 10억
trillion
: 1조
zillion
: 엄청난[막대한] 수

# Day 3

**I never did a day's work in my life.
It was all fun.**

나는 평생 하루라도 일을 하지 않았다. 그것은 모두 재미있는 놀이였다.

**never (do)**
: 일절 …하지 않다
I won't do it again.
: 다시는 안 그럴게요.
You never do anything around the house.
: 당신은 집안일을 전혀 하지 않는군요.
I'll never do anything to make you sad again.
: 두 번 다시 너를 슬프게 하지 않을게.
Never do things by halves.
: 일을 절반쯤만 하지는 마라.

# Day 4

천재란 자신에게 주어진 일을 하는 재능 있는 사람일 뿐이다.

genius
: 천재성, 천재
somebody's good/evil genius
: ~에게 좋은/나쁜 영향을 끼치는 사람
show signs of genius
: 천재성을 보이다
a ray of genius
: 천재의 번득임
an infant genius
: 신동

**A genius is just a talented person who does his homework.**

에디슨_조선, 에디슨과 만나다

# Day 5

많은 인생의 실패자들은 포기할 때 자신이 성공에서 얼마나 가까이 있었는지 모른다.

**failure**
: 실패, 실패자, 실패작
a failure of crops (=crop failures)
: 흉작
Failures may be unavoidable in your life.
: 실패는 당신의 인생에서 피할 수 없을 지도 모른다.
Loving him was one of my biggest failures in life.
: 그 사람을 사랑한 것이 내 생애 가장 큰 실수 중 하나였다.
Our society has little tolerance for failures.
: 우리 사회는 실패에 대해 관용적이지 못하다.

**Many of life's failures are those who didn't know how close they were to success when they gave up.**

# [7Week]
## 영원한 혁명가, 체 게바라 Che Guevara

비교적 상류층 집안에서 태어나 의과대학에 진학, 스물다섯 살에 의학박사학위를 따는 등 순탄하고 안정된 삶을 살아온 체 게바라. 그의 인생을 바꾸어 놓은 것은 젊은 시절 친구들과 떠난 여행이었습니다. 라틴아메리카를 여행하던 중 사회주의 혁명가들의 영향을 받은 그는 그곳의 역사와 민중들의 삶에 깊은 인상을 받게 됩니다. 그 후 의사로서의 안정된 삶을 버리고 혁명가의 삶을 걸어가게 되지요.

결국 반군부대의 대장으로 쿠바혁명에 성공하게 되고, 쿠바 시민이 되어 라카비니아요새 사령관, 국가토지개혁위원회 위원장, 중앙은행 총재, 공업 장관 등을 역임하며 '쿠바의 두뇌'로 쿠바 정권의 기초를 세워나갑니다. 여기서 그의 삶이 끝났다면, 그는 성공한 정치인으로 남았겠지요. 하지만 그는 소련과의 갈등으로 쿠바의 모든 공직에서 물러나고 아프리카 콩고로 가서 게릴라를 지원하고, 돌아와 볼리비아 혁명을 위해 싸우다가 전사합니다. 그의 삶이 많은 사람들의 가슴을 울리는 건 그의 굳은 신념과 그를 향한 뜨거운 열정 때문이 아닐까요.

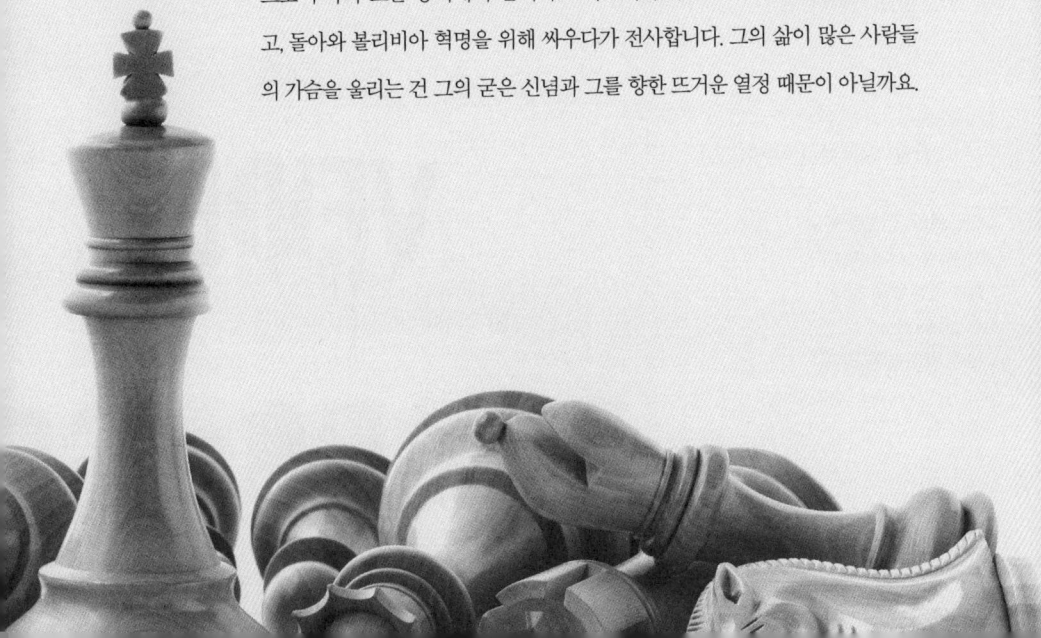

# Day1

많은 이들이 저를 모험가라고 부르겠지만, 저는 다른 류의 모험가입니다.
자기 의견을 증명하기 위해 목숨을 거는 모험가입니다.

Many will call me an adventurer –
and that I am, only one of a different sort:
one of those who risks his skin to prove
his platitudes.

platitude
: (못마땅함) 진부한 이야기[의견]
in platitudes
: 단조로이, 평범한 말로.
speak in platitudes
: 상투적인 말을 하다.
talk platitudes
: 틀에 박힌 말을 하다.
milk-and-water platitudes
: 물을 탄 우유 같은 힘없는 말

# Day2

We cannot be sure of having something to live for unless we are willing to die for it.

무언가를 위해 목숨을 버릴 각오가 되어 있지 않는 한 그것이 삶의 목표라는 어떤 확신도 가질 수 없다.

**be willing to**
: 흔쾌히 ~하다

Inventors have to be willing to learn from failures.
: 발명가들은 실패에서 기꺼이 배우려고 해야 한다.

Be willing to do mundane tasks with good grace.
: 일상적인 일을 즐겁게 하는 자세를 가져라.

Would you be willing to relocate overseas?
: 해외 지사에서 근무할 생각이 있어요?

# Day3

**Silence is argument carried out by other means.**

침묵은 다른 방식으로 펼친 주장이다.

**argument**
: 논쟁; 언쟁, 말다툼
His argument about atheism was very interesting.
: 무신론에 대한 그의 논쟁은 아주 흥미로웠다.
He carefully dealt with a very sensitive argument.
: 그는 어려운 논쟁을 능란하게 처리했다.

**carry out**
: 수행하다
Universities carry out a lot of research.
: 종합대학은 많은 연구과제를 수행한다.
carry out a plan with determination
: 단호히 계획을 실행하다.

체 게바라의 일생

# Day 4

At the risk of seeming ridiculous,
let me say that the true
revolutionary is guided
by a great feeling of love.
It is impossible to think of a genuine
revolutionary lacking this quality.

우습게 들릴지 모르지만, 진정한 혁명가를 이끄는 것은 위대한 사랑의 감정이다.
이런 자질이 없는 혁명가는 생각할 수 없다.

ridiculous
: 웃기는, 말도 안 되는, 터무니없는
비슷한 의미로 사용할 수 있는 단어로는 'laughable(우스운, 재미있는), stupid(어리석은, 생각 없는, 우둔한)' 등이 있습니다.
I thought the coat price was ridiculous.
: 코트 가격이 터무니없이 비쌌던 것 같아요.
You look ridiculous in that suit.
: 그 양복을 입으니까 우스꽝스럽게 보인다.
I think it's a ridiculous idea.
: 아주 멍청한 아이디어라고 생각해.

# Day5

죽음이 우리를 놀라게 할 때마다 우리의 함성을 들어주는 귀가 하나라도 있다면, 그리고 우리의 팔을 들어주려고 뻗치는 또 다른 손이 있다면 죽음을 환영하라.

**receptive**
: (새로운 사상·제안에 대해) 수용적인[선뜻 받아들이는]

'받다, 받아들이다'의 의미로 사용되는 동사 receive의 형용사형입니다. 명사형인 reception은 '(호텔 등의)접수처'라는 의미로 사용됩니다.

**receptive to**
: ~을 잘 받아들이는.

**a receptive audience**
: 열성적인 청중

**receptive substance**
: 수용 물질

**receptive spot**
: 수용점(收容點)

Whenever death may surprise us, let it be welcome if our battle cry has reached even one receptive ear and another hand reaches out to take up our arms.

# [8Week]
## 근대 법전의 기초를 제공하다,
## 나폴레옹 보나파르트 Napoleon Bonaparte

코르시카 출신의 하급귀족으로 시작해 프랑스 혁명의 혼란한 시대 속에서 탁월한 군사적 재능을 통해 프랑스를 승리로 이끌며 타 유럽 국가들을 석권하고 황제 나폴레옹 1세가 된 입지전적인 인물로 나폴레옹을 모르는 사람은 없을 겁니다. 많은 사람이 그를 천재적인 군사전략가이자 독재자로 기억하고 있지만, 사실 그의 법치주의, 능력주의, 시민평등사상은 영국의 산업혁명과 함께 근대 사회 형성에 큰 영향을 주었습니다.

근대 법전의 기초가 되는 법전으로 유스티니아누스법전, 함무라비법전과 함께 세계 3대 법전으로 꼽히는 것이 나폴레옹법전입니다. 프랑스혁명을 통한 법 앞에서 평등, 취업의 자유, 신앙의 자유, 사유재산의 존중, 계약자유의 원칙, 과실책임주의, 소유권의 절대성 등 근대시민법의 기본 원리가 반영되어 있으며 총 3편 2281조로 구성된 이 법전은 합리주의와 권위주의를 절충하였다고 평가되며 최초의 성문법 제정이라는 점에서 의의가 있지요. 그래서 일까요? 나폴레옹은 생전에 "나의 명예는 전쟁의 승리보다 법전에 있다."고 말했다고 합니다.

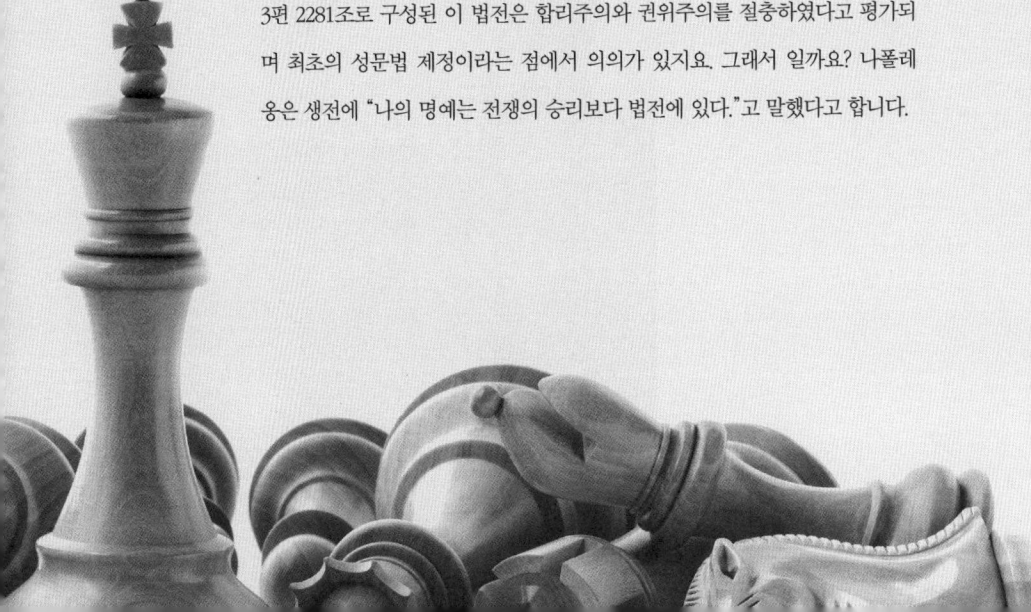

# Day1

영광은 덧없지만 무명(無名)은 영원하다.

obscurity
: 무명, (세상 사람들에게) 잊힘
sink into obscurity
: 세상에서 잊히다, 초야에 묻히다
retire into obscurity
: 은퇴하다
rise from obscurity to fame
: 낮은 신분에서 출세하다
live in obscurity
: 조용히[세상에 묻혀] 살다

Glory is fleeting,
but obscurity is forever.

나폴레옹_다큐

# Day2

It requires more courage to suffer than to die.

죽는 일보다 고통 받는 일이 더 많은 용기를 필요로 한다.

**require**
: 필요[요구]하다, 필요로 하다
비슷한 의미로 사용할 수 있는 단어로는 'need(필요로 하다, 필요하다), crave(필요로 하다)' 등이 있습니다.
We require to know it.
: 우리는 그것을 알 필요가 있다.
Office jobs require little physical effort.
: 사무실 근무는 육체적인 노력이 거의 필요치 않다.

# Day3

승리는 가장 끈기 있는 자에게 돌아간다.

persevering
: 인내심이 강한, 불굴의
persevere on
: 끈기 있게 버티다
persevere at
: ~을 꾸준히 하다.
persevere in
: ~을 꾸준히 하다.
persevere with the help of
: ~의 도움으로 견디다

**Victory belongs to the most persevering.**

# Day 4

**A leader has the right to be beaten, but never the right to be surprised.**

지도자는 패할 권리가 있지만 놀랄 권리는 전혀 없다.

**be beaten**
: 패하다, 매를 맞다
**be beaten up**
: 호되게 얻어맞다
**be gang-beaten**
: 집단 구타를 당하다
**be beaten hollow**
: (얻어맞다) 죽사발이 되다
**beaten down to the ankles**
: 기진맥진한, 녹초가 된

나폴레옹_다큐2

# Day5

숙고할 시간을 가져라,
그러나 행동할 때가 오면 생각을
멈추고 뛰어들어라.

**deliberate**
: 신중한
deliberate on a problem
: 문제를 심의하다
deliberate over
: ~에 대해 숙고하다.
a deliberate choice
: 신중한 선택
deliberate in one's speech
: 언변이 신중한

Take time to deliberate,
but when the time for action has arrived,
stop thinking and go in.

# [9Week]
## 투자의 귀재, 워런 버핏 Warren Buffett

미국의 5대 갑부로 전설적인 투자의 귀재라 불리는 워런 버핏. 그는 고향 내브래스카 주 오마하를 거의 벗어나지 않지만 뉴욕 주식시장의 흐름을 정확히 꿰뚫는다고 해서 '오마하의 현인(Oracle of Omaha)'이라는 별명을 갖고 있기도 합니다. 별명처럼 그는 자신이 운영하는 버크셔 해서웨이의 주주총회 때나 얼굴을 내밀 뿐 거의 외부 접촉을 하지 않는 것으로도 유명했지요. 그런 그가 어린 시절부터 갖고 있었던 세 가지 투자 원칙이 있다고 합니다.

첫째. 투자에는 인내가 필요하다.
둘째. 이미 투자한 뒤로는 그 돈에 집착하지 말아야 한다.
셋째. 다른 사람에게 투자를 권할 때는 더욱 신중해야 한다.

워런 버핏의 부를 만든 것은 지력, 창의력 그리고 인내력과의 싸움이라는 평가가 나오는 이유가 무엇인지 알 수 있는 대목입니다.

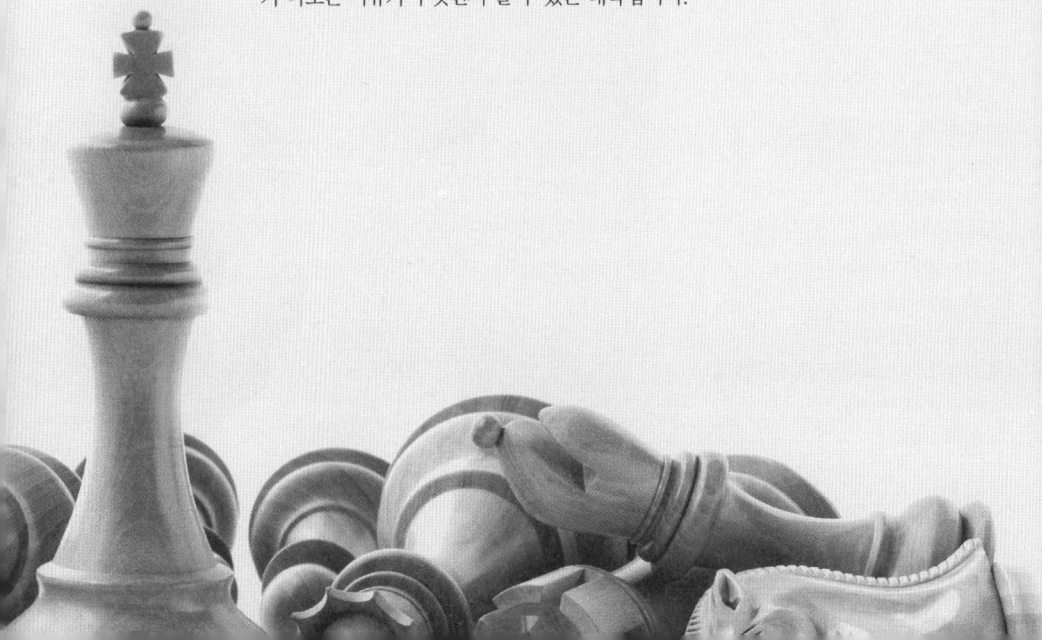

# Day 1

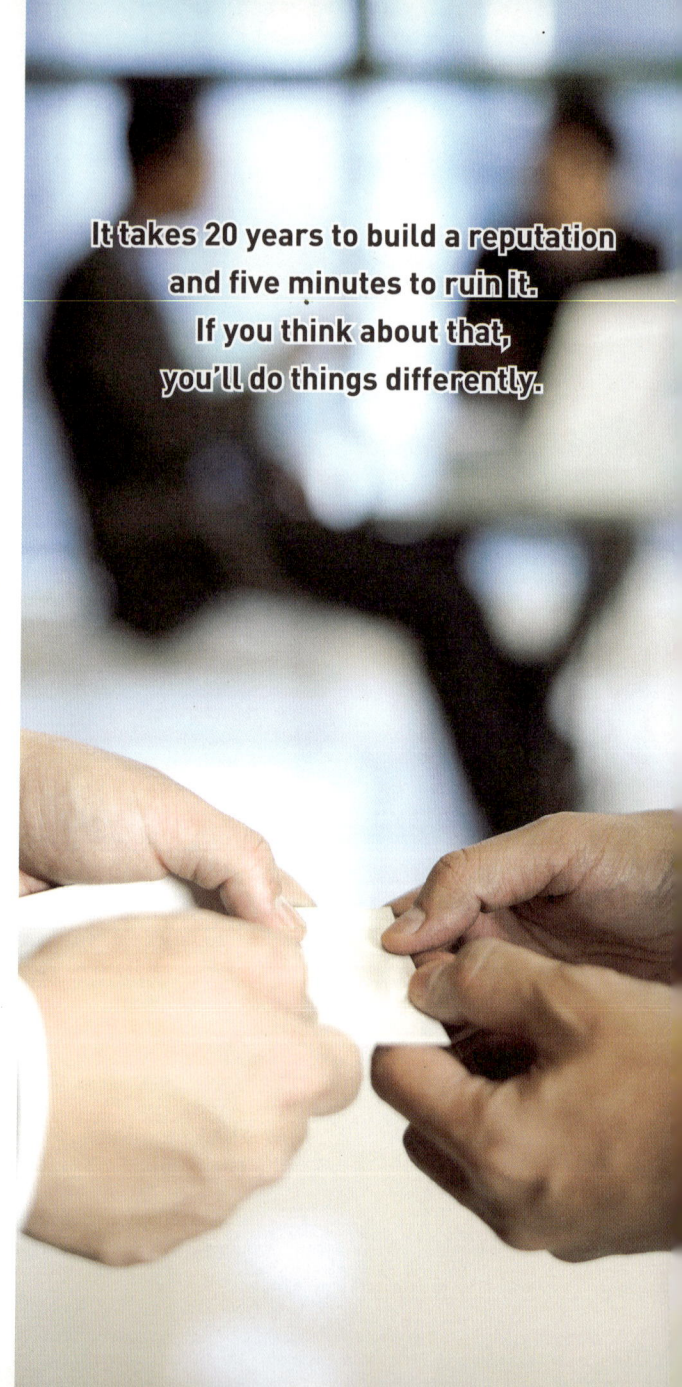

**It takes 20 years to build a reputation and five minutes to ruin it. If you think about that, you'll do things differently.**

명성을 쌓는 데는 20년이란 세월이 걸리며, 명성을 무너뜨리는 데는 채 5분도 걸리지 않는다. 그걸 명심한다면, 당신의 행동이 달라질 것이다.

**differently**
: 다르게, 같지 않게
**feel differently**
: 다르게 생각하다
**view differently**
: 보는 바가 다르다
**differently abled**
: 다른 능력을 가진
(「신체 장애(disabled)」의 완곡한 말)
**behave differently**
: 별달리 굴다

# Day2

습관의 사슬은 너무 가벼워서 깨지기 전까지는 느껴지지 않는다.

too~ to -
: 너무 ~해서 - 할 수 없다
too tired to go further
: 피곤해서 이 이상 갈 수 없다
too good to be true
: 너무 좋아서 믿어지지 않는
too good to miss
: 놓치기에는 너무나 아까운
not to put too fine a point on it
: 까놓고[노골적으로] 말해서

**Chains of habit are too light to be felt until they are too heavy to be broken.**

워런 버핏_다큐

# Day3

인간은 쉬운 일을 어렵게 만드는 엉뚱한 특성이 있는 듯하다.

**perverse**
: (사고방식·태도가) 비뚤어진[삐딱한]

비슷한 의미로 사용할 수 있는 단어로는 'ill-natured(심술궂은, 심보가 비뚤어진), cross(엇갈린, 반대되는, 배반하는)' 등이 있습니다.

She finds a perverse pleasure in upsetting her parents.
: 그녀는 부모님을 화나게 하는 데서 비뚤어진 쾌감을 느낀다.

Your way of thinking is really perverse.
: 너는 생각이 정말 삐딱하구나.

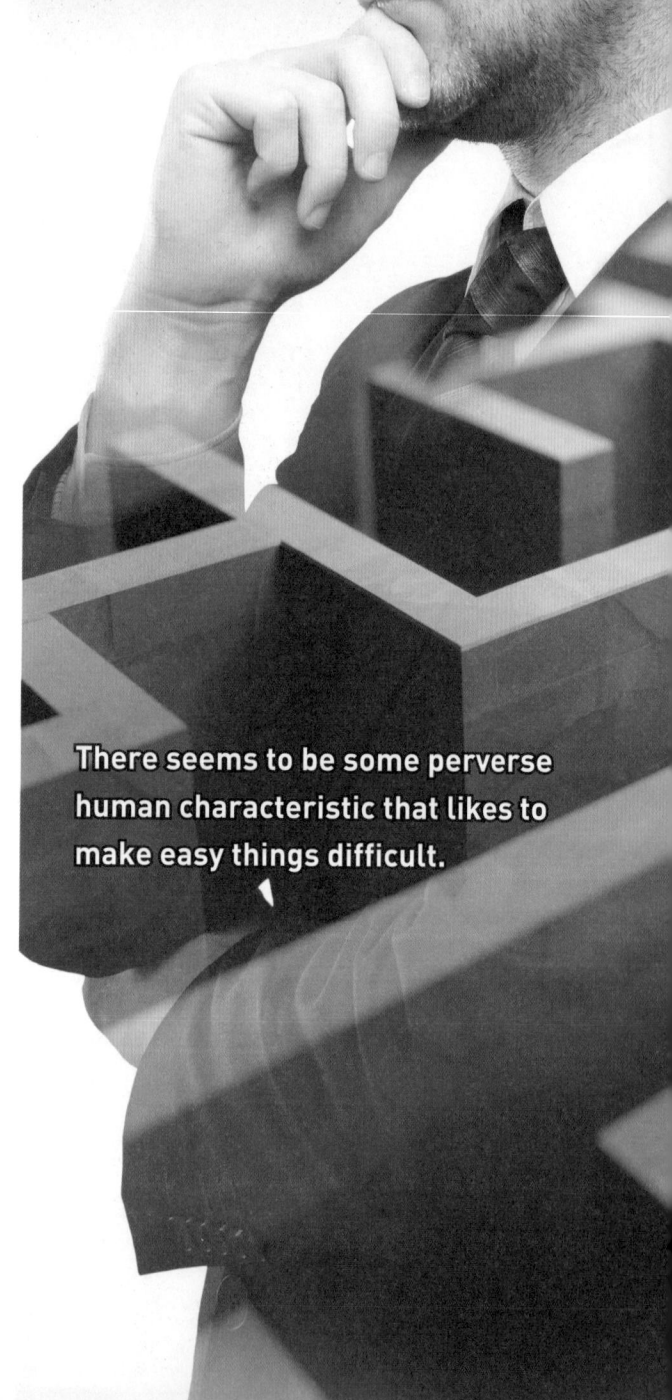

There seems to be some perverse human characteristic that likes to make easy things difficult.

# Day4

Risk comes from not knowing what you're doing.

위험은 자신이 무엇을 하는지 모르는 데서 온다.

**come from (something)**
: ~에서 나오다[비롯되다/생산되다]
Where does most of the funding for your project come from?
: 당신이 하고 있는 프로젝트의 기금은 대부분 어디서 나오나요?
Dislike and hatred usually come from ignorance.
: 혐오와 증오는 보통 무지에서 생긴다.
Illness may come from a poor diet.
: 병은 잘 먹지 못해서 생기기도 한다.

# Day 5

타고 있는 배가 항상 샌다는 것을 알게 되면 구멍을 막느니 차라리 배를 바꿔 타는 것이 생산적이다.

**chronically**
: 만성적으로, 질질 시간을 끌어
Most of them were chronically ill.
: 그들 대부분은 만성 환자였다.
This is one of the chronically congested sections.
: 이곳은 상습 정체 구간이다.

**vessel**
: 선박[배]
The vessel drifted about six days.
: 그 배는 6일 간 표류했다.
The vessel called at many ports on her route.
: 배는 항해 도중에 많은 곳에 기항했다.

**Should you find yourself in a chronically leaking boat, energy devoted to changing vessels is likely to be more productive than energy devoted to patching leaks.**

# [10Week]
## 최연소 노벨평화상 수상자, 마틴 루터 킹 Martin Luther King Jr.

미국의 흑인 운동 지도자이자 목사인 마틴 루터 킹. 39년의 짧지만 불꽃같은 삶을 살았던 그는 앨라배마 주에서 시영 버스의 인종 차별적 좌석제에 대한 버스 보이콧 운동을 비폭력 전술로 이끌어 승리했으며, 워싱턴 대행진을 비롯한 수많은 운동을 이끌어 공민권법, 투표권법의 성립을 촉진시키지만 암살자에 의해 죽음을 맞이합니다. 결국 그가 한 마지막 설교가 그의 유언이 되어 버렸습니다.
"내가 죽거든 나를 위해 긴 장례를 할 생각을 하지 마십시오. 긴 조사(弔辭)도 하지 말아 주십시오. 또 내가 노벨상 수상자라는 것과 그밖에 많은 상을 탄 사람이라는 것도 언급하지 마십시오. 그것은 하나도 중요하지 않기 때문입니다. 나는 그 날, 마틴 루터 킹은 다른 사람들을 위해 살려고 노력했고, 다른 사람들을 사랑하려 했으며, 전쟁에 대해 올바른 입장을 취했다는 평가를 받고 싶습니다. 또 배고픈 사람에게 먹을 것을 주고 헐벗은 사람들에게 입을 것을 주기 위해 애썼으며, 인간다움을 지키고 사랑하기 위해 몸 바쳤다는 것이 기억되었으면 좋겠습니다."
만약 당신이 지금 죽음을 앞두고 있다면 어떤 유언을 남기고 싶나요? 지금 당장 죽음을 맞이한다고 해도 당당할 수 있는지 한 번 돌아볼 일입니다.

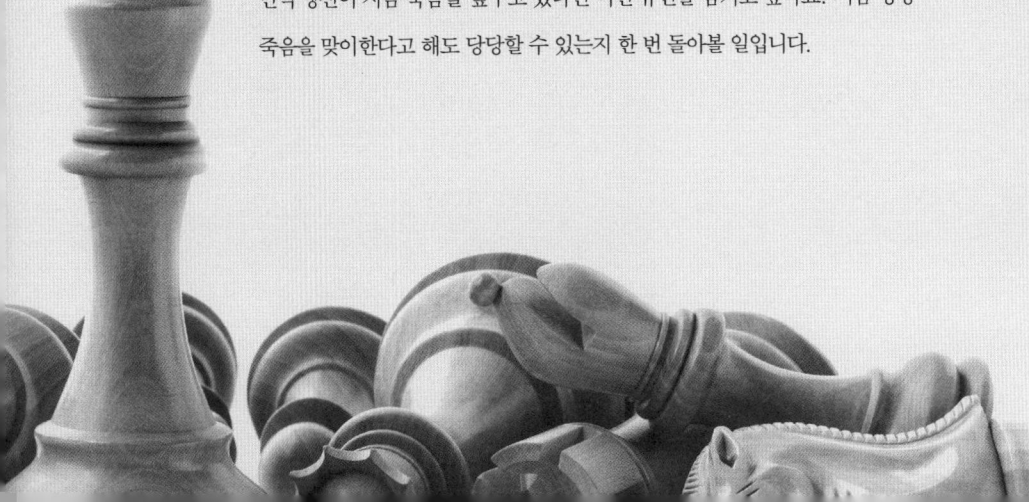

# Day1

사람을 판단하는 궁극적인 척도는 안락하고 편안한 시기에 보여주는 모습이 아닌, 도전하며 논란에 휩싸인 때 보여주는 모습이다.

**ultimate**
: 궁극[최종]적인, 최후의
Peace was the ultimate goal of the meeting.
: 평화가 그 모임의 궁극적인 목표였다.
Do you want to know the ultimate question?
: 궁극적 질문에 대해 알고 싶은 겁니까?
God is the ultimate ground of all reality.
: 신은 모든 실재의 궁극적 근원이다.

The ultimate measure of a person is not where they stand in moments of comfort and convenience, but where they stand in times of challenge and controversy.

# Day2

Now, I say to you today my friends,
even though we face the difficulties of
today and tomorrow,
I still have a dream.
It is a dream deeply rooted
in the American dream.
I have a dream that one day
this nation will rise up and
live out the true meaning of
its creed: - 'We hold these
truths to be self-evident,
that all men are created equal.'

오늘 형제 여러분에게 말씀드립니다.
지금도 그렇고 앞으로도 우리는 많은 어려움을 겪어야겠지만 나에게는 여전히 꿈이 있습니다. 그것은 아메리칸 드림에 깊이 뿌리내리고 있는 꿈입니다. 나에게는 꿈이 있습니다.
언젠가 이 나라가 우뚝 일어서, '모든 사람은 평등하게 창조되었고, 우리가 바로 그 증거이다'라는 건국의 원칙의 참뜻에 맞게 살아갈 것이라는 꿈입니다.

self-evident
: 자명한, 따로 증명[설명]할 필요가 없는
a self-evident fact
: 자명한 사실
a self-evident truth
: 자명(自明)의 진리.
The dangers of such action are self-evident.
: 그런 행동의 위험성은 자명하다.

# Day3

우리가 중대한 일에 대해 침묵하는 순간 우리의 삶은 종말을 고하기 시작한다.

**begin to**
: ~하기 시작하다
**begin to doubt**
: 의심이 생기다
**begin to speak**
: 말을 꺼내다
**begin[get] to like**
: 좋아지다(호감)
**begin to say**
: 허두를 떼다

Our lives begin to end the day we become silent about things that matter.

# Day 4

**Injustice anywhere is a threat to justice everywhere.**

어디서 발생하든 불의는 세상 모든 곳의 정의를 위협한다.

injustice
: 불평등; 부당함, 부당성
social injustice
: 사회적 불평등
fight against injustice
: 불의에 항거하다
to redress an injustice
: 부당한 것을 바로잡다
complain of an injustice
: 억울함을 하소연하다

마틴 루터 킹_마지막 설교

# Day5

결국 우리는 적의 말보다
동지의 침묵을 기억할 것이다.

**enemy**
**: 적**

<u>비슷한 의미로 사용할 수 있는 단어로는 'foe(적, 원수; 적수; 반대자), rival(경쟁자, 적수, 라이벌), opponent(적수, 반대자, 상대), competitor(경쟁자, 경쟁상대), adversary(적, 반대자), antagonist(적대자, 경쟁자, 맞상대)' 등이 있습니다.</u>

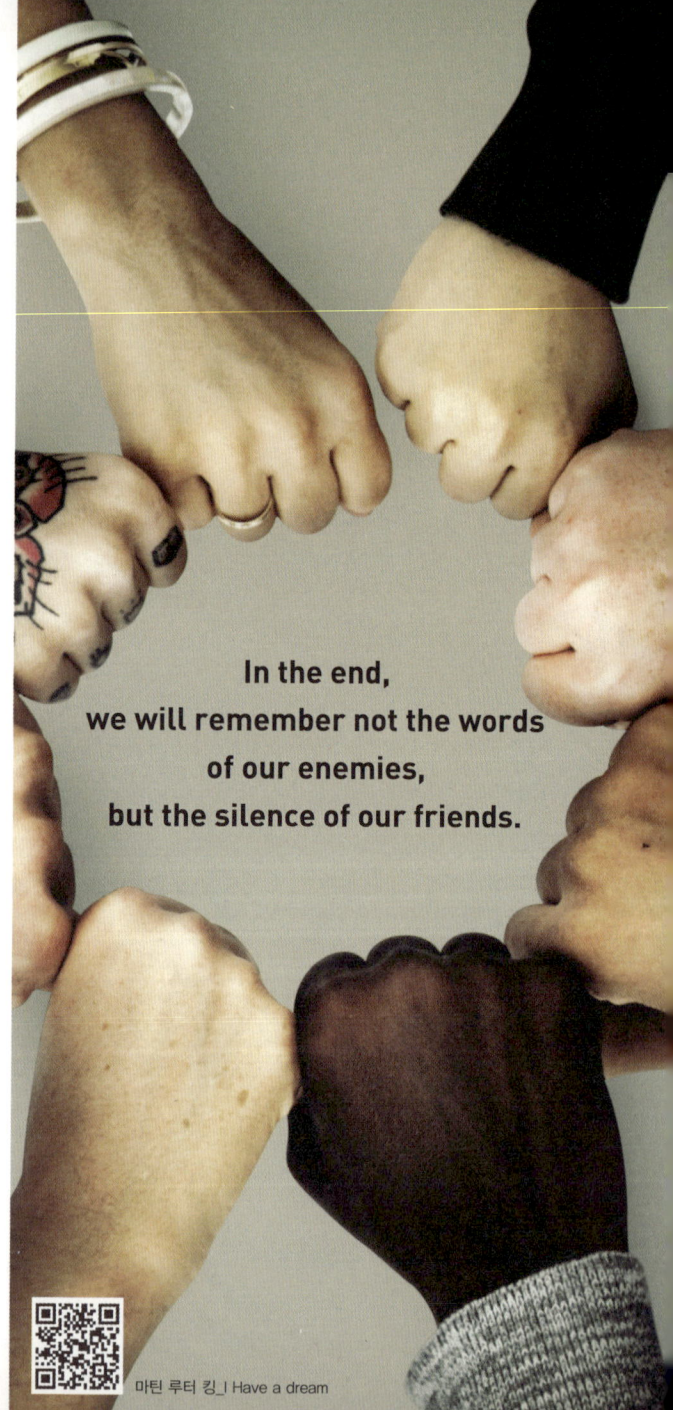

In the end,
we will remember not the words
of our enemies,
but the silence of our friends.

마틴 루터 킹_I Have a dream

# [11Week]
## 노예를 해방시킨 대통령, 링컨 Abraham Lincoln

미국 제 16대 대통령으로 노예해방을 선언하여 신분의 차별을 타파하고 인권을 신장시키는 데 큰 역할을 한 인물입니다. 그를 이야기할 때는 가난을 빼놓고 이야기할 수 없는데요. 시골뜨기 출신의 변호사에서 일약 전국적 지명도를 얻은 정치인으로 도약한 것은 1858년 일리노이 주 상원의원 선거에서 민주당의 스티븐 더글러스와 벌인 공개 논쟁 덕분이었습니다. 당시 논쟁에서 노예제도에 대한 링컨의 입장은 그것이 미국 독립선언서의 정신에 위배된다는 것이었지요. 반면, 더글러스는 미국 각 주와 준주 시민들이 노예제를 택할지 배척할지 결정해야 한다는 자치권을 강조했습니다. 표를 많이 얻기 위해서는 더글러스와 같은 입장을 취해야 했지만 링컨은 자신의 신념을 끝까지 지켰지요.

"제 오랜 신념은 제게 모든 인간은 평등하게 태어났고, 인간이 다른 사람을 노예로 만드는 것과 관련된 도덕적 권리는 있을 수 없다고 가르쳤습니다."

선거에서 링컨은 패했지만 인상적인 연설과 토론, 그리고 확고한 신념으로 많은 사람을 매료시켰고 결국 대통령으로 국민의 선택을 받게 됩니다. 당장의 이익보다 옳은 것에 대한 굳은 신념을 지키는 것이 결과적으로는 더 큰 이익이 될 수 있습니다.

# Day1

거의 모든 사람이 역경은 견디어 낼 수 있다. 그러나 한 인간의 인격을 시험해보려면 그에게 권력을 주어보라.

**adversity**
: 역경

Adversity is a training for man.
: 역경이 사람을 만든다.

She lives in adversity as a result of losing her job.
: 그녀는 실직한 여파로 힘들게 살고 있다.

If we don't prepare for the future, we will face adversity.
: 미래를 준비하지 않으면 역경에 처하게 될 것이다.

Nearly all men can stand adversity, but if you want to test a man's character, give him power.

# Day 2

링컨의 고백

누구도 본인의 동의 없이 남을 지배할 만큼 훌륭하지는 않다.

**govern**
: (국가·국민을) 통치하다[다스리다]
**govern strictly**
: 엄히 다스리다
**govern oneself**
: 처신하다, 자제하다
**govern well**
: 선정을 펼치다
**ability to govern**
: 통치 능력

# Day3

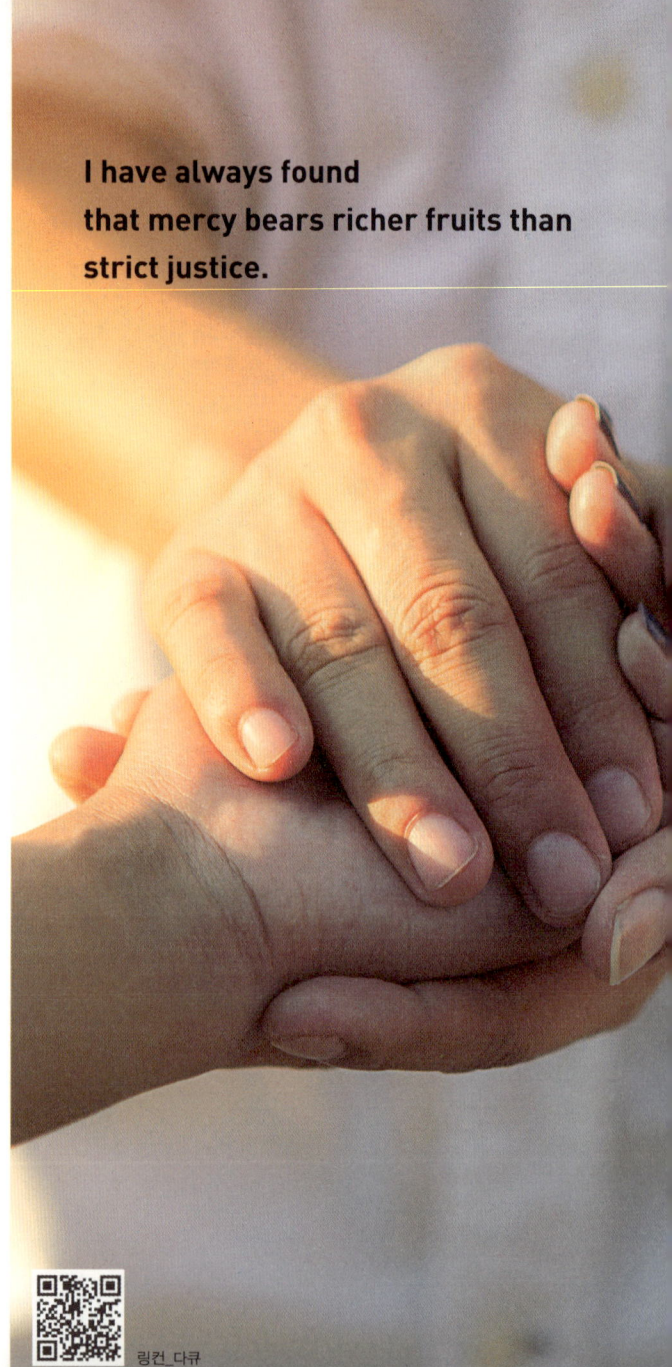

**I have always found that mercy bears richer fruits than strict justice.**

나는 항상 가혹한 정의보다는 자비가 더 큰 결실을 맺는다고 믿는다.

**richer**
: rich의 비교급
The rich get richer
: 부익부빈익빈
The Earth is 10 to 100 times richer in iron than the moon.
: 지구는 달보다 철이 10배에서 100배 더 풍부하다.

**strict**
: (규칙 등이) 엄격한[엄한]
Discipline is strict in that school.
: 그 학교는 규율이 엄하다.
He was bound down by strict rules.
: 그는 엄한 법규에 속박됐다.

링컨_다큐

# Day 4

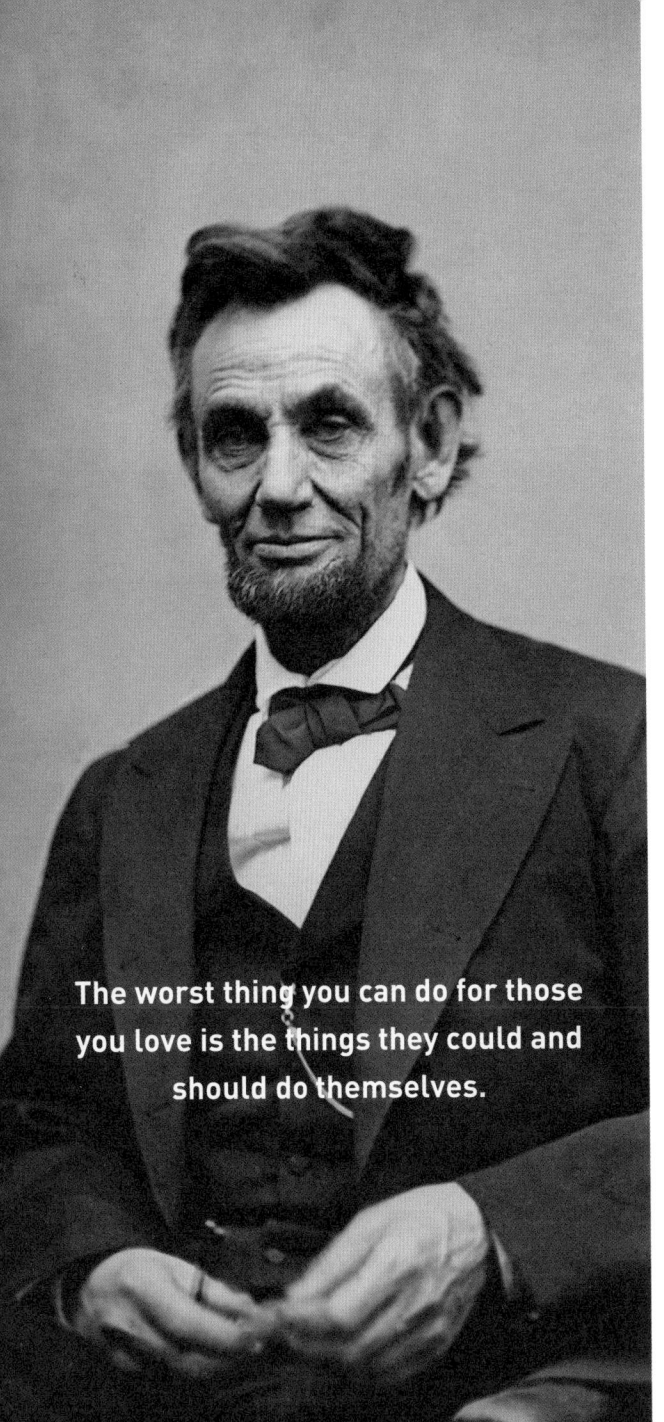

The worst thing you can do for those you love is the things they could and should do themselves.

사랑하는 사람에게 할 수 있는 가장 나쁜 일은 바로 그들이 할 수 있고 해야 할 일을 대신해 주는 것이다.

**themselves**
: (they의 재귀대명사) 동사의 주어인 사람들·동물들이 목적어로 다시 올 때 씀

They wanted to spend the evening by themselves.
: 그들은 저녁 시간을 자기들끼리만 보내고 싶었다.

The reason for this lies in the buildings themselves.
: 이러한 증상들의 원인은 빌딩 그 자체에 있습니다.

They forced themselves into my room.
: 그들은 내 방에 밀고 들어왔다.

# Day 5

만일 내게 나무를 베기 위해 한 시간만 주어진다면, 우선 나는 도끼를 가는데 45분을 쓸 것이다.

chop (something) down
: (나무 같은 것을) 찍어[베어] 넘기다

He did not chop it down, but he cut some of the bark off the tree.
: 그는 나무를 자르지 않았지만 나무에서 약간의 껍질을 벗겨냈다.

Sometimes they have to chop down a tree for firewood.
: 때로는 그들이 나무를 베어 장작을 마련해야 한다.

However, the construction plan included chopping down 100-old-trees in the area.
: 그러나, 공사 계획에는 지역의 100년된 나무들을 벌목하는 것이 포함되었다.

If I only had an hour to chop down a tree, I would spend the first 45 minutes sharpening my axe.

# [12Week]
## 처세술의 혁명가, 데일 카네기 Dale Carnegie

1936년에 출간된 ≪친구를 얻고 사람을 움직이는 방법(How to Win Friends and Influence People)≫은 카네기가 사망한 1955년까지 31개 언어로 번역돼 5백만 권 이상 판매되었으며, 오늘날까지 1500만권 이상 판매될 정도로 전 세계적인 영향을 미치고 있습니다. 뿐만 아니라 카네기가 프랜차이즈 시스템으로 조직한 카네기 훈련 프로그램은 오늘날 전 세계 80여개 국에 걸쳐 8백만 명이 넘는 수강생을 배출하고 있습니다. 인간관계, 처세술의 대명사인 그가 사실은 수줍음이 많고 사람들과 잘 어울리지 못하는 사람이었다면 믿을 수 있을까요? 자신의 소극적인 성격 때문에 그는 늘 수첩에 유머나 말할 거리를 적어두고 끊임없이 연습을 반복했다고 합니다. 재미있는 것은 카네기의 원래 이름은 Dale Carnagey였는데, 1919년에 사망한 철강왕 앤드류 카네기(Andrew Carnegie, 1835-1919)가 사후 그간의 자선사업으로 큰 존경을 누리게 되자, 1922년 자신의 성을 Carnegie로 바꾸었다는 것입니다. 이를 '카네기 마케팅'의 최대 성공 사례 중의 하나로 보는 시각도 있는데, 이런 일화는 그가 가진 이름을 바꿀 정도로 변화하고자 하는 열망과 노력, 끈기를 잘 보여줍니다. 여러분은 더 나은 변화를 위해 어떤 노력을 하고 있나요?

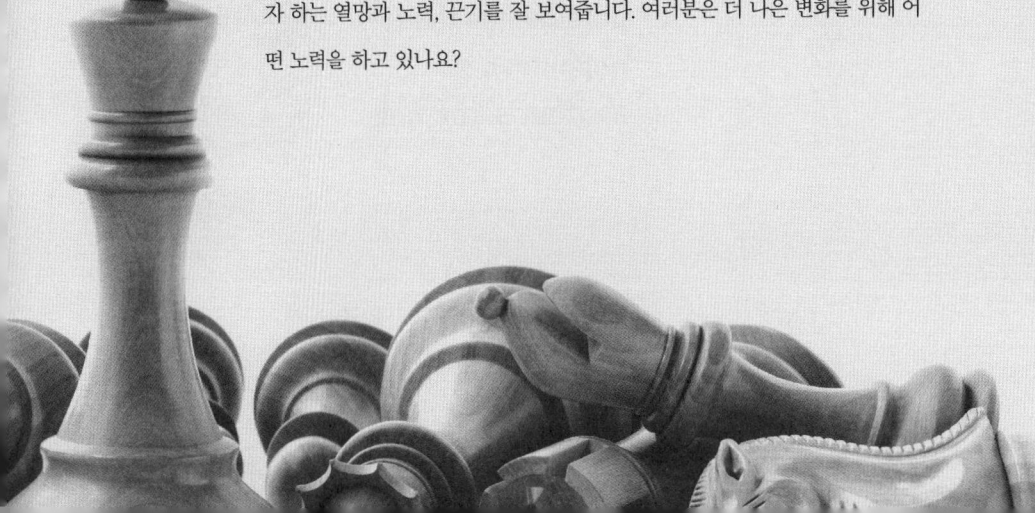

# Day1

외부로부터 갈채만 구하는 사람은 자기의 모든 행복을 타인의 보관에 의탁하고 있다.

applause
: 박수 (갈채)
deafening applause
: 귀청이 터질 듯한 박수갈채
rapturous applause
: 열광적인 박수
tumultuous applause
: 떠들썩한 박수 소리
a spatter of applause
: 짝짝 치는 박수 소리

**The person who seeks all their applause from outside has their happiness in another's keeping.**

데일 카네기_실패 극복법

*Day2*

You can make more friends in
two months by
becoming interested in other people than
you can in two years by trying to get
other people interested in you.

2년간 다른 사람으로 하여금 당신에게 관심을 갖게 만들어 사귄 것보다 더 많은 친구를 2달 동안 다른 사람에게 관심을 가져 사귈 수 있다.

### interested in
: ~에 관심 있는

I am not interested in that sort of thing.
: 나는 그런 종류의 것에는 흥미가 없다.
I'm not interested in what other people think.
: 남이 뭐라고 생각하든지 관심없다.
She is not interested in sports.
: 그녀는 운동에는 흥미가 없다.

# Day3

세상의 중요한 업적 중 대부분은, 희망이 보이지 않는 상황에서도 끊임없이 도전한 사람들이 이룬 것이다.

**keep on ~ing**
: 계속 ~하다
Why do you keep on insisting?
: 왜 자꾸 고집을 부리시는 겁니까?
Keep on having a chat with your friend.
: 너의 친구와 계속 얘기해.
I guess I'll keep on wishing.
: 그래도 계속 희망은 버리지 말아야지.
I don't like men who keep on blowing their horn.
: 나는 자기자랑을 계속 하는 남자들이 싫다.

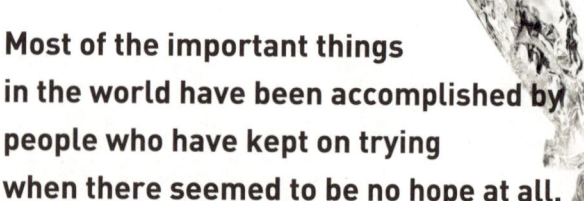

**Most of the important things in the world have been accomplished by people who have kept on trying when there seemed to be no hope at all.**

# Day 4

**Inaction breeds doubt and fear.
Action breeds confidence and courage.
If you want to conquer fear, do not sit
home and think about it.
Go out and get busy.**

무위는 의심과 두려움을 낳는다. 행동은 자신감과 용기를 낳는다. 당신이 두려움을 정복하고 싶다면 집에 앉아 생각만 하고 있지 마라. 나가서 바빠져야 한다.

inaction
: 무행동, 무위, 활동 부족; 무대책
inaction nature
: 무위자연
perish of inaction
: 사용 않기 때문에 오므라드는
user inaction standby
: 사용자 비활동 대기상태

# Day 5

우리가 사람을 대할 때, 논리의 동물을 대하고 있지 않다는 점을 기억할 일이다.
우리는 감정의 동물, 편견으로 마음이 분주하고 자존심과 허영에 따라 움직이는 동물과 상대하고 있는 것이다.

**deal with somebody**
: ~를 (상)대하다
cf. deal with something
: (문제·과제 등을) 처리하다
Do you like dealing with people?
: 사람 대하는 거 좋아하시나요?
I've just been dealing with so many problems lately.
: 요새 너무 많은 문제들을 처리하고 있어요.

When dealing with people,
let us remember we are not dealing
with creatures of logic.
We are dealing with creatures of
emotion, creatures bustling
with prejudices and
motivated by pride and vanity.

# [13Week]
## 농구의 신, 마이클 조던 Michael Jeffrey Jordan

"하느님이 조던으로 가장하고 나타났다." 마이클 조던의 활약에 대한 찬사로 유명한 말입니다. 농구의 신으로 불리며 스포츠계의 스타로 한 획을 그었던 마이클 조던이 돌연 은퇴를 선언했다는 사실을 아시나요? 마이클 조던이 세계적인 농구 선수로 활약하던 1993년 7월 그의 아버지 제임스 조던이 고속도로에서 강도를 만나 사망하는 사건이 발생했는데, 이 사건의 범인들은 마이클 조던의 팬인 10대 소년들로 그가 모델인 운동화를 얻기 위해 범행을 저지른 것으로 밝혀졌고 이에 충격을 받은 마이클 조던은 어린 시절 야구선수가 되라고 한 아버지의 말을 떠올려 1993년 농구 선수 은퇴를 선언한 것입니다. 그리고 아버지의 소원대로 야구선수가 되기 위해 시카고 커브스 산하 마이너리그 팀과 계약해서 한동안 마이너리그에서 선수생활을 해나갑니다. 결국 다시 돌아와 농구의 신으로 맹활약을 하긴 했지만, 그의 갑작스러운 은퇴는 전 세계적인 이슈가 되었지요. 자신이 광고하는 운동화 때문에 아버지가 사망하는 비극은 재능과 실력을 겸비한 스포츠 선수와 자본주의의 결합이 만들어낸 부작용이라고 할 수 있겠지요. 빛이 밝을수록 그림자는 짙은 법입니다.

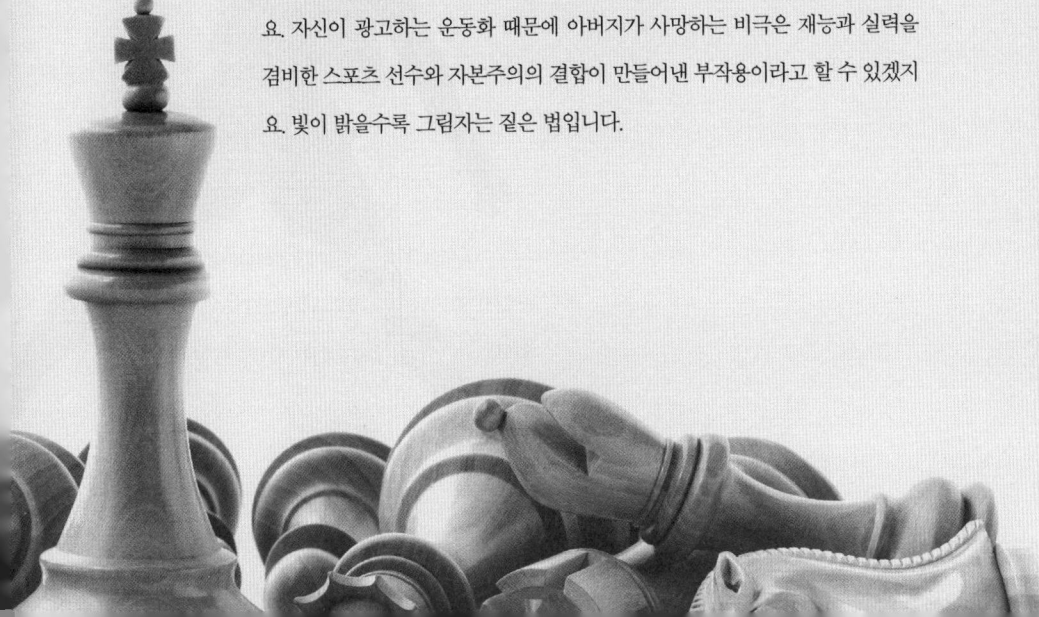

# Day 1

나는 실패를 받아들일 수 있다. 모두가 무언가에 실패하기 때문이다. 하지만 난 시도도 하지 않는 것은 받아들일 수 없다.

accept
: (기꺼이) 받아들이다
accept a case
: 사건을 수임하다
accept change
: 변화를 수용하다
accept criticism
: 비판을 수용하다
accept an invitation
: 초청에 응하다

I can accept failure, everyone fails at something. But I can't accept not trying.

마이클 조던_연설

# Day2

I've missed more than 9000 shots in my career. I've lost almost 300 games. 26 times I've been trusted to take the game winning shot and missed. I've failed over and over and over again in my life. And that is why I succeed.

선수 경력을 통틀어 나는 9000개 이상의 슛을 놓쳤다. 거의 300회의 경기에서 패배했다. 경기를 뒤집을 수 있는 슛 기회에서 26번 실패했다. 나는 살아오면서 계속 실패를 거듭했다. 그것이 내가 성공한 이유다.

**career**
: 직업, 직장 생활, 경력
**an academic career**
: 학력
**a meteoric career**
: (자기 분야에서) 일약 성공을 거둠
**two-career**
: 맞벌이의
**career break**
: (육아 등으로 인한) 직장 생활의 공백기

# Day3

**Just play. Have fun.
Enjoy the game.**

그저 경기에 임해라. 즐거움을 느끼고, 경기를 즐겨라.

enjoy
: 즐기다
Enjoy yourselves!
: 즐겁게들 보내세요!
enjoy an equal right
: 평등한 권리를 누리다
enjoy sports
: 스포츠를 즐기다
enjoy privileges
: 특권을 누리다

마이클 조던_덩크슛 Top10

# Day 4

재능은 게임에서 이기게 한다. 그러나 팀워크는 우승을 가져온다.

teamwork
: 팀워크, 협동 작업

What do you do to improve your teamwork?
: 팀 결속을 높이기 위한 특별한 방법이 있나요?

Teamwork is a key feature of the training programme.
: 팀워크가 그 훈련 프로그램의 핵심 특징이다.

Good teamwork is needed to ensure a win.
: 좋은 팀워크가 있어야 승리할 수 있습니다.

# Day5

성공을 위해서는 이기적일 필요가 있다. 그렇지 않고서는 어떤 것도 성취할 수 없다. 최고 수준에 올라가면 이기적이지 않아야 한다. 다른 사람들과 가까이하라. 교류하며 지내라. 고립되지 말아라.

reachable
: 가 닿을 수 있는, 도달 가능한
Specified server is not reachable or does not exist.
: 지정한 서버에 접근할 수 없거나 존재하지 않습니다.
The farm is only reachable by car.
: 그 농장은 자동차로만 갈 수 있다.
Rebel spokesmen were not reachable for comment on the fighting.
: 반군 대변인은 그 전투에 대해 논평을 얻기 위해서 접촉할 수가 없었다.

To be successful you have to be selfish, or else you never achieve.
And once you get to your highest level, then you have to be unselfish.
Stay reachable.
Stay in touch. Don't isolate.

# [14Week]
## 천재 과학자, 아인슈타인 Albert Einstein

천재 과학자 아인슈타인의 뇌가 도둑맞았다는 사실 알고 있나요? 아인슈타인은 대동맥로 파열 76세의 나이에 사망했는데, 죽기 전 자신의 몸을 화장해 아무도 모르는 곳에 뿌려 달라는 유언을 남겼다고 합니다. 그런데 아인슈타인이 죽은 지 23년 후인 1978년에 아인슈타인의 뇌를 찍은 사진이 공개되었습니다. 아인슈타인이 화장되기 전 토마스 하비라는 박사가 아인슈타인의 뇌를 훔쳐 그의 뇌를 연구했던 것입니다. 토마스 박사는 아인슈타인의 뇌를 촬영하고 240조각으로 잘라내어 20여 년간 연구에 몰두했다고 합니다. 하지만 결국 알아낸 것은 아인슈타인의 뇌가 1,230g으로 일반인의 뇌보다 가볍다는 것뿐. 구조 및 기능에 있어서 특별한 점을 찾아내지 못했다고 합니다. 결국, 아인슈타인의 뇌는 10여 명의 뇌 전문가들에게 보내졌으며, 사방으로 흩어져 연구되기 시작했지만 현재까지 특별한 연구결과가 나오지 않고 있습니다. 우리는 흔히 천재는 뭔가 특별한 것을 타고난다고 생각하지요. 하지만 그것에 그리 몰입할 필요가 없다는 걸 아인슈타인의 뇌가 말해주고 있는듯 합니다.

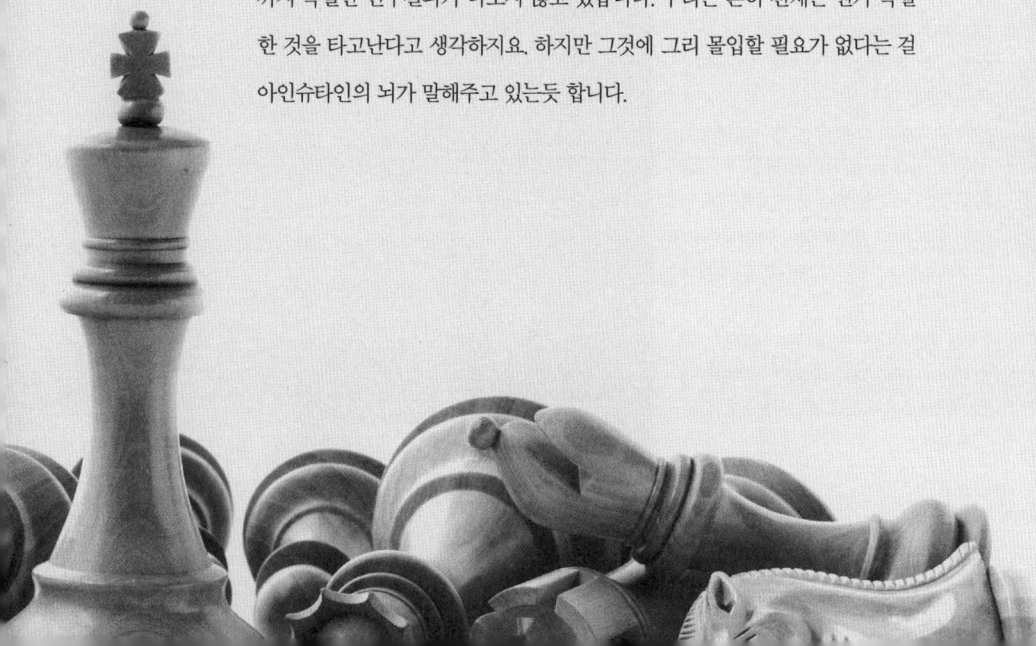

# Day1

We still do not know one-thousandth of one percent of what nature has revealed to us.

우리는 아직 자연이 우리에게 보여준 모습의 100,000분의 1도 모르고 있다.

reveal (비밀 등을) 드러내다[밝히다/폭로하다], (보이지 않던 것을) 드러내 보이다

She was reluctant to reveal her secret. 그녀는 자신의 비밀을 밝히려 하지 않았다.

Bottles can reveal their contents without being opened. 병은 뚜껑을 따지 않고도 내용물을 드러낼 수 있다.

Our sleeping positions reveal our personalities. 우리가 잠자는 자세에서 성격이 보입니다.

They formed a ring and urged me to reveal who had done it. 그들은 나를 에워싸고 누가 그랬는지 밝히라고 다그쳤다.

# Day 2

이 세상에서 가장 이해할 수 없는 말은 이 세상을 이해할 수 있다는 말이다.

incomprehensible
: 이해할 수 없는
an incomprehensible term
: 이해할 수 없는 말
an incomprehensible scrawl
: 알아 볼 수 없이 휘갈겨 쓴 글씨
a incomprehensible brogue
: 심한[알아들을 수 없는] 사투리
the incomprehensible jabber of a child
: 아이들의 알 수 없는 재잘거림.

The most incomprehensible thing about the world is that it is at all comprehensible.

아인슈타인_수학을 싫어하는 천재 물리학자

# Day3

나는 똑똑한 것이 아니라 단지 문제를 더 오래 연구할 뿐이다.

**stay with**
: (미국·구어) [일]에 열중하다

주로 '어딘가에 머물다, 어떤 일 따위를 계속하다, 물건을 계속 쓰다'의 의미로 많이 사용됩니다.

How long are you planning to stay with us?
: 우리와 얼마나 근무하실 생각입니까?

Stay with me. I feel assured when you are around me.
: 나와 함께 있어 줘. 너와 함께 있으면 마음이 편안해.

Can we stay with you for the weekend?
: 주말에 우리가 머물 수 있게 해 주시겠어요?

**It's not that I'm so smart,
it's just that
I stay with problems longer.**

# Day 4

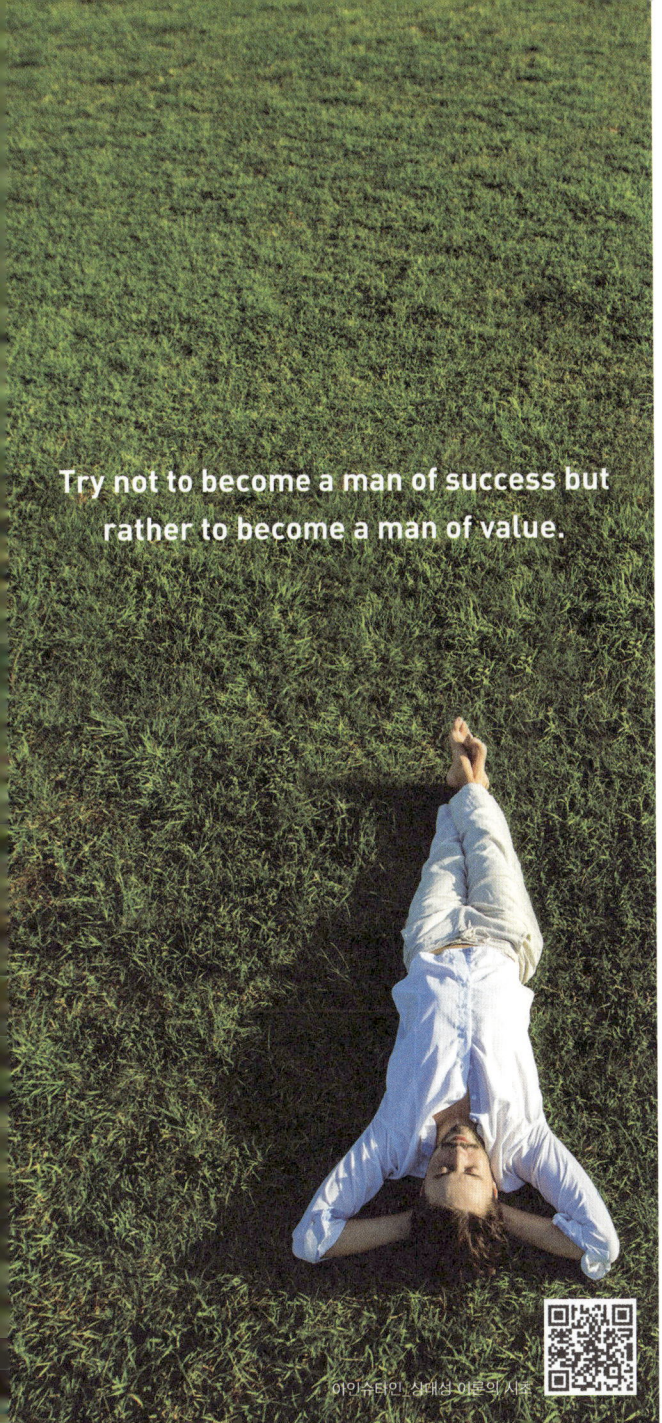

**Try not to become a man of success but rather to become a man of value.**

성공한 사람보다는 가치 있는 사람이 되려 하라.

**rather**
: 차라리 ~하는 것이 좋다
흔히 '꽤, 약간, 상당히'라는 의미로 많이 사용됩니다. 본문의 의미로 사용될 때는 would나 than과 함께 사용하는 경우가 많습니다.
**She'd rather die than give a speech.**
: 그녀는 연설을 하느니 차라리 죽는 게 나을 것 같았다.
**I think I'll have a cold drink rather than coffee.**
: 난 커피보다는 차가운 음료수를 한 잔 하겠어요.

# Day5

나는 신의 생각을 알고 싶다. 나머지는 세부적인 것에 불과하다.

**detail**
: (작고 덜 중요한) 세부 사항

비슷한 의미로 사용할 수 있는 단어로는 'particular(사항, 항목, 점, 조목, 세목), nicety(정확, 정밀), triviality(하찮음, 평범, 진부함) 등이 있습니다.

Everything in her story is correct to the smallest detail.
: 그녀의 이야기는 아주 소소한 것까지 다 맞다.

The news checks out with the facts in every detail.
: 그 뉴스는 사실과 모든 면에서 일치한다.

I want to know God's thoughts; the rest are details.

# [15Week]
## 길 위의 철학자, 에릭 호퍼 Eric Hoffer

독일계 이민자의 아들로 태어난 에릭 호퍼는 18살에 아버지를 잃었고, 이때 로스엔젤레스로 가서 노동자 생활을 시작합니다. 어렸을 때 시력을 잃었다가 다시 회복된 것을 계기로 시작된 광적인 독서습관은 장사, 웨이터, 야적장 인부, 사금 채취공, 부두 노동자 등 여러 직업을 전전하면서도 계속되었고, 그 결과 인간에 대한 통찰이 돋보이는 아포리즘식의 글을 쓰기도 했습니다. 이러한 에릭 호퍼의 글은 미국 사회에서 반향을 일으켰고, 그가 쓴 《대중 운동의 실상》은 인간의 마음을 움직이는 집단 활동의 힘을 비전문가적 시각으로 바라본 책으로 테러리스트, 자살 폭탄자 등 과격 대중운동에 지금까지도 적절하게 적용되고 있습니다. 그는 죽을 때까지 가난과 굶주림에 시달렸는데, 젊은 시절 노동과 삶의 의미를 생각해보다 결국 자살을 결심하고 자살시도까지 했었다고 합니다. 하지만 그가 편안한 삶을 살 기회가 없었던 것은 아니었습니다. 한 번은 웨이터로 일하던 식당에서 만난 교수에게 재능을 인정 받아 연구소에서 일하자는 제안을 받게 됩니다. 또 한 번은 캘리포니아 버클리의 한 식당에서 만난 여인 헬렌과 사랑에 빠졌고, 평범한 가정을 꾸릴 수 있는 기회가 생깁니다. 하지만 에릭 호퍼는 두 번의 기회 모두 포기하고 다시 떠돌이 노동자의 삶을 택합니다. 젊은 시절 자살을 시도하다 문득 삶이 어디로 가는지 모르지만, 끝없이 이어지는 길이라는 생각이 떠오르며 자살을 멈추었다는 그는 이 여러 번의 기회 앞에서 끝이 없이 이어진 길을 떠올렸을지도 모르겠습니다.

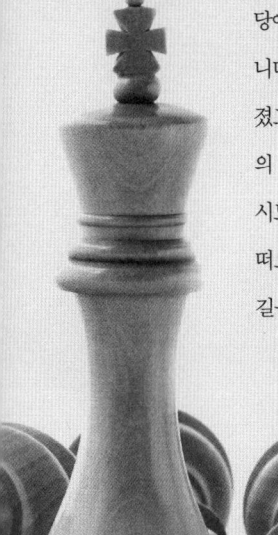

# Day1

힘은 만성적 두려움과 만날 때 무지막지해진다.

wedded
: …와 결혼한, ~와 결합된
wedded life
: 결혼 생활
newly-wedded
: 신혼의
wed-in
: 집단 결혼.
unwed
: 미혼의(unmarried), 독신의
an unwed mother
: 미혼모

**It is when power is wedded to chronic fear that it becomes formidable.**

# Day2

**Rudeness is the weak man's imitation of strength.**

에릭 호퍼_인터뷰 장면

무례함이란 약자가 강한 척하는 것이다.

**rudeness**
**: 무례함, 오만함, 건방짐**

비슷한 의미로 사용할 수 있는 단어로는 'impolite(버릇없는, 무례한), insulting(모욕적인, 무례한), cheeky(건방진, 뻔뻔스러운), abusive(입버릇 사나운, 욕설을 퍼붓는, 독설의), disrespectful(무례한, 실례되는, 경멸하는), impertinent(건방진, 주제넘은, 뻔뻔한, 무례한, 버릇없는), insolent(건방진, 오만한, 무례한), impudent(뻔뻔스러운, 염치없는)' 등이 있습니다.

# Day3

**We lie loudest
when we lie to ourselves.**

우리는 자신에 대해 거짓말을 할 때 가장 큰 소리를 낸다.

**loudest**
; loud의 최상급. 가장 큰, 가장 시끄러운
They shouted their loudest.
: 그들은 힘껏 고함을 질렀다.
Recently, scientists found the world's loudest animal.
: 최근, 과학자들은 세계에서 가장 큰 소리를 내는 동물을 발견했습니다.
Snorers snore loudest when they are deeply asleep.
: 코고는 사람들은 깊이 잠들어 있을 때 가장 심하게 코를 곱니다.

# Day 4

미래에 사로잡혀있으면 현재를 있는 그대로 볼 수 없을 뿐 아니라 과거까지 재구성하려 들게 된다.

**preoccupation**
: (어떤 생각·걱정에) 사로잡힘, 집착; 뇌리를 사로잡고 있는 생각

a preoccupation with
: ~에 대한 집착

She found his preoccupation with money irritating.
: 그녀는 돈에 대한 그의 집착이 짜증스러웠다.

His current preoccupation is the appointment of the new manager.
: 현재 그의 뇌리를 사로잡고 있는 생각은 새 매니저 임명 문제이다.

**A preoccupation with the future not only prevents us from seeing the present as it is but often prompts us to rearrange the past.**

# Day 5

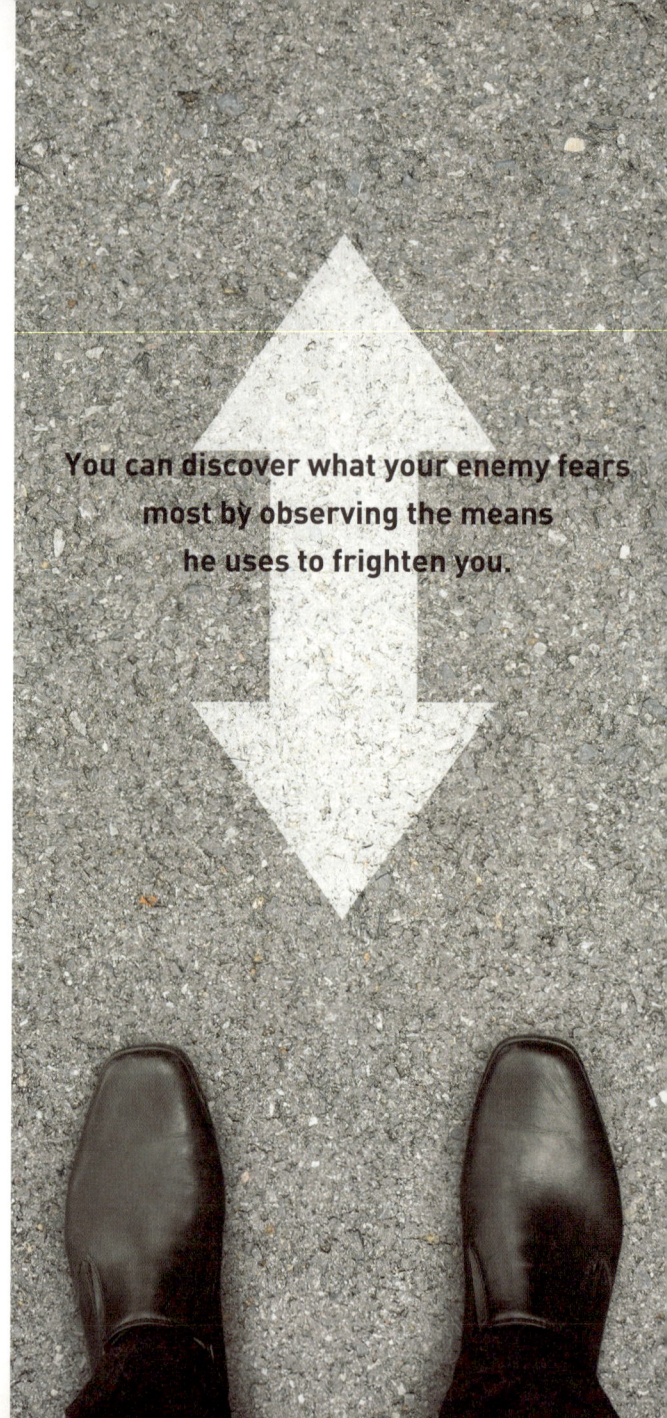

You can discover what your enemy fears most by observing the means he uses to frighten you.

적이 당신을 겁주기 위해 사용하는 방법이 무엇인지 관찰하면 적이 가장 두려워하는 것이 무엇인지를 발견할 수 있다.

frighten
: 겁먹게[놀라게] 만들다
frighten somebody/something away/off
: ~을 겁을 주어 (~에서) 쫓아내다
frighten somebody into something/into doing something
: ~에게 겁을 주어 ~을 하게 만들다
frighten somebody into submission
: ~에게 겁을 주어 굴복시키다.

# [16Week]
## 희망을 주는 사회운동가, 헬렌 켈러 Helen Keller

태어난 지 19개월 되었을 때 심한 병에 걸려 청각과 시각을 잃은 그녀의 삶은 앤 설리번이라는 가정교사를 만난 후 큰 변화를 맞습니다. 결국 설리번의 도움으로 비장애인도 힘들다는 래드클리프 대학 졸업이라는 과업을 성취하고, 미국 시각장애인 기금의 모금운동을 벌이고 시각장애인을 위한 제도 마련을 위해 정치인들을 설득하는 등 자신의 일생을 장애인들을 위해 바칩니다.

그런데 한때는 가정교사를 고용할 정도로 애쓴 헬렌의 부모였지만, 딸이 유명해지면서부터는 도리어 그 후원금을 착복하는 이중적인 면모를 보입니다. 심지어 헬렌은 부모의 사후에도 유산이라 할 만한 것을 전혀 물려받지 못했으며, 설리번 역시 10년 가까이 밀린 가정교사 월급을 한 푼도 받지 못했다고 합니다. 결국 헬렌 옆을 끝까지 지켰던 것은 설리번 그리고 설리번이 노쇠하여 그 일을 인계받은 폴리 톰슨이었습니다. 설리번은 가뜩이나 약한 시력으로 헬렌에게 책을 읽어주고, 헬렌의 손바닥에 글씨를 써주느라 늘 기진맥진했고, 폴리 역시 수십 년 동안 헬렌의 손바닥에 글씨를 써주다 보니, 나중에는 오른손만 비정상적으로 크고 힘줄이 튀어나올 정도였다고 하니 두 사람의 헌신과 우정이 헬렌을 있게 했다고 해도 과언이 아니겠지요. 당신에게는 삶을 지탱해줄만한 친구가 있나요?

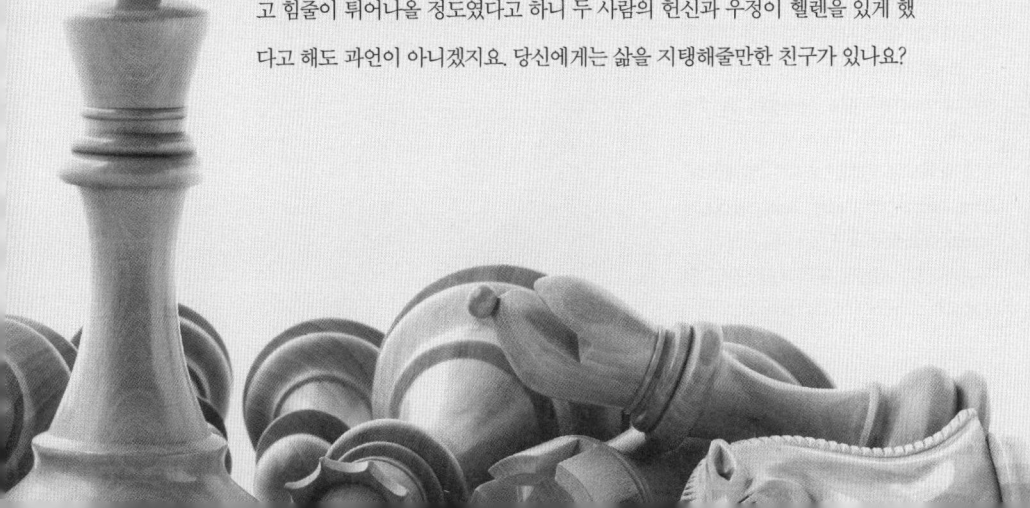

# Day1

**When we do the best that we can, we never know what miracle is wrought in our life, or in the life of another.**

우리가 할 수 있는 최선을 다할 때, 우리 혹은 타인의 삶에 어떤 기적이 나타나는지 아무도 모른다.

wrought
: (과거형으로만 쓰임) (격식 또는 문예체) (특히 변화를) 초래하다[일으키다]
This century wrought major changes in our society.
: 금세기는 우리 사회에 주요한 변화들을 초래했다.
Great mischief was wrought by the storm.
: 그 폭풍으로 엄청난 피해가 발생했다.
The lapse of years had wrought many changes.
: 여러 해가 지남에 따라 많은 것이 달라졌다.

# Day 2

I long to accomplish a great and noble task; but it is my chief duty and joy to accomplish humble tasks as though they were great and noble.

나는 위대하고 고귀한 임무를 완수하기를 열망한다. 하지만 나의 주된 임무이자 기쁨은 작은 임무라도 위대하고 고귀한 임무인 듯 완수해나가는 것이다.

**long to do**
: ~하고 싶은 생각이 간절하다
She has been waited long to avenge her mother's death.
: 그녀는 어머니의 죽음에 대한 복수를 하려고 오랫동안 기다렸다.
I long to have a new car.
: 나는 새 차를 간절히 바란다.

**humble**
: 겸손한, 변변치 않은, 초라한
humble rank
: 미천한 신분
humble pie
: 굴욕
eat humble pie
: 잘못[실수]을 인정하다

# Day 3

Face your deficiencies and
acknowledge them;
but do not let them master you.
Let them teach you patience,
sweetness, insight.

당신의 약점들을 직면하고 인정하라. 하지만 그것이 당신을 지배하게 하지 말라. 그것으로 하여금 당신에게 참을성, 상냥함, 통찰력을 가르치도록 하라.

**deficiency (←deficiencies)**
: 결핍, 결점, 결함
realize one's deficiencies
: 자신의 결점을 깨닫다.
Safety deficiencies have been identified.
: 안전상의 결함이 발견되었습니다.
A vitamin deficiency can lead to serious problems.
: 비타민 부족은 심각한 문제들을 야기할 수 있다.

헬렌 켈러_연설

# Day 24

Hope sees the invisible,
feels the intangible,
and achieves the impossible.

희망은 볼 수 없는 것을 보고, 만져질 수 없는 것을 느끼고, 불가능한 것을 이룬다.

invisible
: 보이지 않는, 볼 수 없는
비슷한 의미로 사용할 수 있는 단어로는 'unseen(눈에 보이지 않는), imperceptible(눈에 보이지 않는, 지각할 수 없는, 알 수 없는), indiscernible(식별할 수 없는, 분간하기 어려운, 잘 보이지 않는), unseeable(눈에 보이지 않는)' 등이 있습니다.

intangible
: 뭐라고 (꼬집어) 말할 수 없는
an intangible cultural treasure[property]
: 무형 문화재
intangible assets
: 무형자산
an intangible feeling
: 막연한 느낌

# Day 5

자기연민은 최악의 적이다. 만약 우리가 그것에 굴복하면, 이 세상에서 선한 일은 아무것도 할 수 없다.

**self-pity**
: 자기 연민

**indulge in self-pity**
: 자기 연민에 빠지다

**wallow in self-pity**
: 자기 연민에 빠져 지내다.

**yield**
: 항복[굴복]하다

**yield a step**
: 일보 물러나다

**yield to none**
: 아무에게도 양보하지 않다[지지 않다]

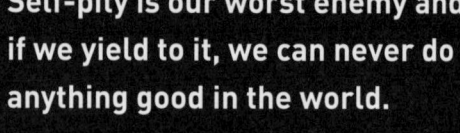

**Self-pity is our worst enemy and if we yield to it, we can never do anything good in the world.**

헬렌 켈러의 감사

# Chapter 2.

## '생각의 창을 열다', 철학자들의 말

지혜sophia를 사랑한philo 이들의 말 속에서

인생의 철학philosophia을 찾다

[17Week]
## 권력의 정점에서 만개한 철학,
## 프랜시스 베이컨 Francis Bacon

중세 영국에 국왕의 최측근으로 국왕의 인장을 관리하면서 국왕의 명령을 공식화하는 책임을 맡았던 관직, 옥새상서가 있었다는 사실을 아시나요? 철학자로이 영광의 자리에 오르게 된 인물이 바로 프랜시스 베이컨입니다. 그의 영광과 출세는 여기에서 멈추지 않았는데, 제임스 1세가 왕으로 등극한 이후 기사 작위를 받고 국왕의 법률고문이 되었습니다. 서양철학사 사상 가장 출세한 인물로 손꼽히는 이유가 여기 있습니다. 뿐만 아니라 베이컨의 주요 저서로 평가 받는 《노붐 오르가눔(Novum Organum)》이 이 시기에 출간되었으니, 권력과 영광의 정점에서 그의 철학도 만개했다는 평가를 받고 있습니다.

하지만 그의 영광도 영원하지는 않지요. 뇌물수수사건으로 의회의 탄핵을 받아 관직과 지위를 박탈당한 뒤 말년을 연구와 저술에 전념하며 지내게 됩니다. 어떤 이들은 베이컨의 권력에 대한 과도한 집착에 대해 비판하기도 하고, 어떤 이는 그것이 자신의 학문을 완성시키기 위한 수단이었다고 옹호하기도 합니다. 결국 판단은 여러분의 몫이겠지요.

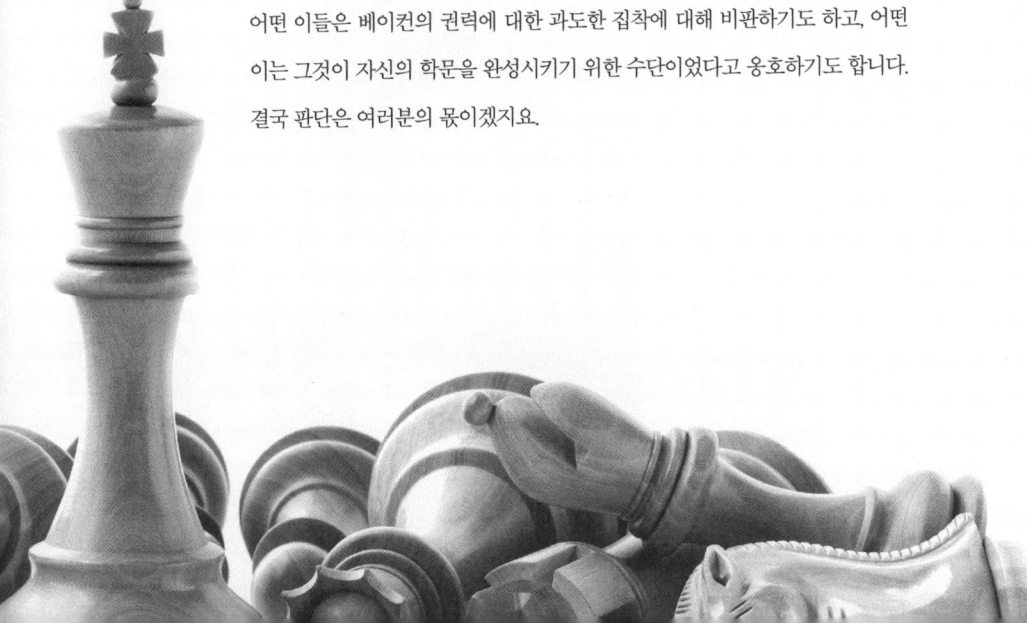

# Day1

**By far the best proof is experience.**

최고의 증거는 단연 경험이다.

by far
: 단연코, 월등히 좋은, 출중한
Today will be by far the best day ever in my lifetime.
: 오늘은 제 생애 최고의 날이 될 것입니다.
By far the most important issue for them is unemployment.
: 그들에게 단연코 가장 중요한 문제는 실업 문제이다.
This is our best-selling model, by far.
: 이것은 단연 우리 제품들 중 제일 잘 팔리는 모델입니다.

프랜시스 베이컨_우상론과 베이컨

# Day2

Revenge is a kind of wild justice,
which the more man's nature runs to the
more ought law to weed it out.

복수는 일종의 야만적인 정의이다. 인간의 기질이 복수로 기울수록 법으로 더 많이 속아내야 한다.

**revenge**
: 복수, 보복
<u>비슷한 의미로 사용할 수 있는 단어로는 'retaliation(앙갚음, 보복), vengeance(복수, 원수갚기, 앙갚음)' 등이 있습니다.</u>

**ought to**
: ~해야 하다, ~할 의무가 있다.
His work ought to be deserved well of people.
: 그의 업적은 사람들로부터 우대를 받아야 마땅하다.
Maybe I ought to try it.
: 나도 한번 해봐야겠다.
You ought to obey your parents.
: 부모님 말씀에 순종하여라.

# Day 3

어떤 책들은 맛보기용이고 어떤 책들은 삼키기 용이며 몇몇 책들은 씹고 소화시키기 용이다. 즉, 어떤 책들은 일부만 읽으면 되고 어떤 책들은 다 읽되 호기심을 가질 필요는 없으며 몇몇 책들은 완전하고 충실하고 주의 깊게 읽어야 한다.

curiously
: 신기한 듯이, 호기심에서
be curious
: 호기심이 강하다
become curious (about)
: 호기심이 생기다
curiously enough
: 기묘[이상]하게도
a curious incident
: 진기한[호기심을 끄는] 사건

Some books are to be tasted,
others to be swallowed,
and some few to be chewed and digested:
that is, some books are to be read
only in parts, others to be read,
but not curiously,
and some few to be read wholly,
and with diligence and attention.

# Day 4

Silence is
the virtue of fools.

침묵은 어리석은 자들의 미덕이다.

**virtue**
**: 선; 선행, 미덕**
비슷한 의미로 사용할 수 있는 단어로는 'goodness(선량, 착함, 덕, 친절), integrity(고결, 성실, 정직, 청렴), morality(덕행, 덕성), righteousness(고결한 행위), probity(고결, 청렴결백, 성실), rectitude(정직, 엄정, 청렴), incorruptibility(청렴결백)' 등이 있습니다.

프랜시스 베이컨_그림으로 보는 서양사

# Day 5

복수할 때 인간은 적과 같은 수준이 된다. 그러나 용서할 때 그는 원수보다 우월해진다.

superior
: 우수한[우세한/우월한]
He is definitely superior to the others.
: 그는 남보다 단연 우수하다.
It is far superior to everything else on the market.
: 이 제품은 시장에 출시된 어떤 제품보다도 우수합니다.
Our product is superior to our competitor's.
: 우리 제품이 경쟁사 것보다 뛰어나다.

In taking revenge,
a man is but even
with his enemy;
but in passing it over,
he is superior.

[18Week]
## 망치를 든 철학자, 프레드리히 니체 Friedrich Nietzsche

독일의 시인이자 철학자인 니체는 평생 모든 전통적인 가치를 허물어뜨리려 노력했습니다. 당시 오랫동안 주를 이뤄왔던 관념론적 · 기독교적 · 행복주의적 도덕을 부정했고, 그 자리에 새로운 가치를 세우려 했지요. 이런 모습이 기존의 것을 깨어 부수는 망치를 닮았다고 해서 망치를 든 철학자라는 별명이 붙기도 했습니다. 니체는 20세기 초에 다가올 유럽의 허무주의를 예측했습니다. 그래서 반드시 새로운 가치 체계가 세워져야 한다고 믿었으며, 이를 위해 그는 먼저 전통적인 가치를 파괴하지 않으면 안 된다고 주장했습니다. 다소 과격해 보일지 모르지만, 니체는 위대한 시인으로도 꼽힐 정도로 인간의 심리를 천재적 통찰력으로 그려낸 심리학자이기도 했습니다. 어떤 이는 니체를 가리켜 '낭만주의자이면서 반낭만주의자이고, 기독교인이면서 동시에 반기독교적이었던 그는 독일인이면서 또한 가장 반독일적인 사람'이었다고 평가할 정도로 다양한 면모를 지닌 인물이었지요.

그 사람의 성격이야 어찌되었든 우리가 그의 삶을 통해 배울 수 있는 한 가지 교훈을 꼽아본다면, 기존의 가치를 답습하려는 자세가 아닌 의심하고 깨어 부수고 새로운 가치를 세워나가려는 노력이 아닐까 싶습니다.

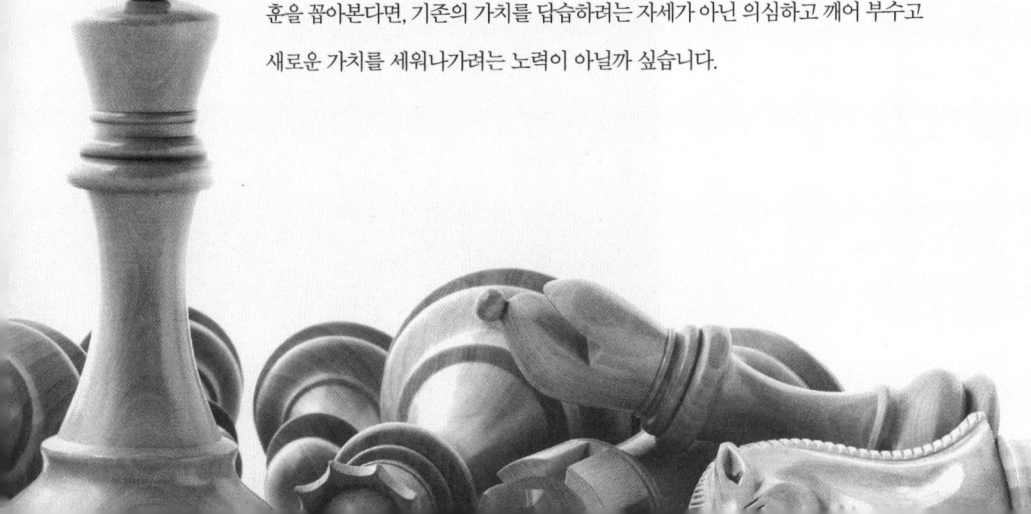

# Day1

**You need chaos in your soul to give birth to a dancing star.**

춤추는 별을 잉태하려면 반드시 스스로의 내면에 혼돈을 지녀야 한다.

chaos
: 혼돈, 혼란
cause chaos
: 혼란을 초래하다.
disentangle the chaos
: 혼란을 수습하다.
exacerbate the chaos
: 혼란을 가중시키다.
unexampled chaos
: 전례 없는 무질서.
create chaos
: 혼란을 일으키다.

# Day2

직업은 삶의 근간이다.

backbone
: 척추, 등뼈, 근간
lack backbone
: 줏대가 없다.
backbone for
: ~의 중추[지주]
have no backbone
: 기개가 없다
backbone range
: 어떤 지역의 척주(脊柱)부를 이루는 가장 중요한 산맥

A profession is the backbone of life.

프레드리히 니체_초인수업

# Day3

어떤 이들은 죽은 후에야 비로소 태어난다.

**posthumously**
: 죽은 뒤에, 사후(死後)에; 유작으로서

His last novel was published posthumously.
: 그의 마지막 소설이 사후에 출판되었다.

She is posthumously referred to as a 'legend'.
: 그녀는 죽어서도 전설로 알려지고 있다.

This book is Professor Kim's posthumous collection.
: 이 책은 김 교수의 유고집이다

Some men are born posthumously.

프리드리히 니체, 철학 고전읽기

# Day4

People who have given us
their complete confidence believe
that they have a right to ours.
The inference is false,
a gift confers no rights.

우리를 완전히 신뢰한 사람들은 그들도 우리의 신뢰를 받을 권리를 가지고 있다고 믿는다. 이 추론은 잘못된 것으로, 선물에는 권리가 없다.

inference
: 추론(한 것)
He drew an inference from the real evidences.
: 그는 그 물증들로부터 결론을 내렸다.
The clear inference is that the universe is expanding.
: 분명히 추론할 수 있는 것은 우주가 팽창하고 있다는 점이다.
If he is guilty then by inference so is she.
: 추론에 의해서 그가 유죄라면 그녀도 또한 유죄이다.

# Day5

**Maturity consists in having rediscovered the seriousness one had as a child at play.**

성숙이란 어릴 때 놀이에 열중하던 진지함을 다시 발견하는 데 있다.

maturity
: 성숙함, 원숙함
maturity of age
: 성년
the date of maturity
: 만기일
maturity of judg(e)ment
: 원숙한 판단[분별]
early maturity of mind
: 조숙(早熟)

seriousness
: 심각함, 진지함
a serious risk
: 중대한 위험
grave serious danger
: 중대한 위험
serious about,
: ~에 대해 진지한.
a matter grows serious
: 일이 커지다

## [19Week]
## 말더듬이 철학자, 아리스토텔레스 Aristoteles

금수저 철학자를 아시나요? 우리가 잘 알고 있는 아리스토텔레스는 마케도니아 왕국 국왕의 주치의였던 아버지의 재산을 물려받아 자유롭게 학문을 연구할 수 있었던 소위 금수저 출신이었습니다. 화려한 옷에 반지, 호화로운 집에서 많은 하인들을 거느리며 편안한 생활을 했지만 신은 모든 것을 주지는 않았는지 그는 외모가 보잘 것 없었다고 알려져 있지요. 눈은 작았고 대머리인 데다 혀가 굳어 말을 더듬거렸으며 키도 작았고 다리는 가늘었다고 합니다. 게다가 성격은 겁이 많고 우유부단하고 현실 도피적이었으며, 나약하고 세심했습니다. 하지만 그가 가진 배경과 볼품 없는 외모보다 더 그를 드러내어 준 것이 바로 그의 지성이었습니다.

열일곱 살에 아카데메이아를 입학해서 플라톤 밑에서 20여 년 동안 학문을 배웠는데, 플라톤은 그에게 '책벌레'라거나 '아카데메이아의 예지'라는 별명을 붙여줄 정도로 특별히 사랑했다고 합니다. 또한 일찍부터 왕실과 가까웠던 그는 알렉산드로스 대왕의 왕자 시절에 개인교사가 되어 7년 동안 가르쳐, 플라톤을 스승으로 삼고 제왕을 제자로 삼는 역사상 전무후무한 영광을 갖게 됩니다. 집안 배경, 인물 등 다른 보이는 조건들도 중요하지만, 마지막 한 방을 가르는 조건은 보이지 않는 조건들이라는 사실을 잊지 마세요.

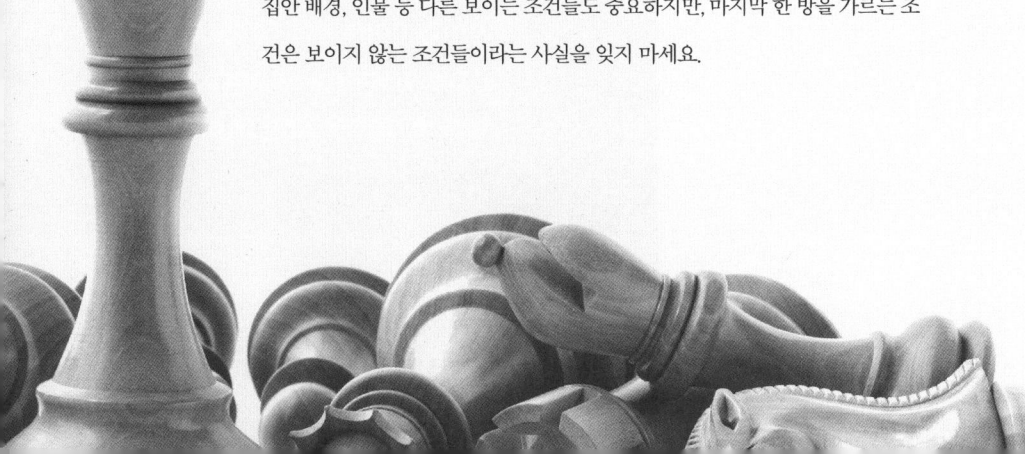

# Day1

존엄은 명예를 소유하는 데 있지 않고 명예를 누릴 자격을 유지하는 데 있다.

dignity
: 위엄, 품위
the dignity of work
: 노동의 존엄성
have dignity
: 위엄을 갖추다
lose dignity
: 품격을 떨어뜨리다
behave with dignity
: 품위 있게 행동하다
death with dignity
: 존엄사
show one's dignity
: 위엄을 보이다

**Dignity does not consist in possessing honors, but in deserving them.**

# Day2

**The greatest virtues are those which are most useful to other persons.**

아리스토텔레스_다큐

가장 위대한 미덕은 다른 사람들에게 가장 유용한 것이다.

**useful**
: 유용한, 도움이 되는, 쓸모 있는
Do you think they'll be useful?
: 그것이 도움이 될 것 같습니까?
Computers are useful for doing many things.
: 컴퓨터는 많은 일을 하는 데 쓸모가 있다.
She led a useful life, helping others.
: 그녀는 다른 사람들을 돌보면서 보람 있는 삶을 살았다.
They are very useful in many ways.
: 그들은 여러 방면에서 매우 유용합니다.

# Day 3

**All human actions have one or more of these seven causes: chance, nature, compulsion, habit, reason, passion, and desire.**

모든 인간의 행동은 기회, 천성, 충동, 습관, 이성, 열정, 욕망의 일곱 가지 중 한 가지 이상이 그 원인이 된다.

### compulsion
: 충동

He felt a great compulsion to tell her everything.
: 그는 그녀에게 모든 것을 말해 버리고 싶은 강한 충동을 느꼈다.

He seems to be driven by some kind of inner compulsion.
: 그는 모종의 내적 충동에 따라 움직이는 것 같다.

Please remember that even one death through compulsion is too many.
: 충동적으로 일어난 단 하나의 죽음도 너무 많은 수의 죽음이라는 것을 기억해야 한다.

# Day4

To perceive is to suffer.

아리스토텔레스_에피소드 철학사

인지(認知)함은 고통 받는 것이다.

**perceive**
**: 감지[인지]하다**

비슷한 의미로 사용할 수 있는 단어로는 'understand(이해하다, 알아듣다), gather(헤아리다, 추측하다), see(이해하다, 알다, 깨닫다, 해득하다), learn(알다, 듣다), realize(실감하다, 깨닫다, 이해하다, 분명히 파악하다), grasp(터득하다, 파악하다, 이해하다), comprehend(이해하다, 파악하다)'가 있습니다.

# Day 5

To enjoy the things we ought
and to hate the things we ought
has the greatest bearing on
excellence of character.

의무를 즐기고 증오하고는 성품의 뛰어남과 큰 관계가 있다.

bearing
: 태도, 자세

a haughty bearing
: 도도한 태도

majesty of bearing
: 위엄 있는 태도

a manly bearing
: 남자다운 태도

a man of royal bearing
: 태도가 당당한 사람

# [20Week]
## 가슴이 뜨거운 철학자, 버트런드 러셀 Bertrand Russell

여기 금수저 철학자가 한 명 더 있습니다. 귀족으로 태어났지만 태어날 때부터 자신은 불행하다고 믿었던, 철학자이자 문필가, 수학자인 버트런드 러셀이 바로 그 사람입니다. 그는 늘 삶의 무의미함 때문에 고뇌하며 자살 충동에 시달렸고, 열한 살 무렵에 비로소 이 괴로움에서 벗어날 '수학'이라는 탈출구를 찾습니다. 그는 보통 사람이라면 쳐다보기조차 싫은 복잡한 수식에서 즐거움을 느꼈고, 수학을 좀 더 잘 알고 싶은 욕망으로 삶의 무거움을 견뎌 냈습니다. 비관주의에 빠져 차갑기만 할 것 같은 그이지만, 그의 삶은 돈키호테만큼 열정적이었습니다. 그는 평생 네 번 결혼했고 요란한 사회 활동 탓에 두 번이나 감옥에 갇혀야 했습니다. 많은 재산을 물려받았지만 가난한 이웃과 사회 기구를 후원하느라 버스표 한 장 사기 어려운 생활을 하기도 했지요. 이러한 그의 이중적인 면모는 1950년 노벨 문학상을 받으며 정점을 찍습니다. 굵직한 사회적 쟁점이 있는 곳이면 어디서나 러셀의 이름이 등장했고, 그에 대한 찬사와 비난이 엇갈렸지요. 그의 삶을 통해 냉철한 이성과 뜨거운 감성을 모두 지닌 인간의 이중성에 대해 깊이 고민하게 됩니다.

# Day 1

쓸 데 없는 지식에서도 큰 기쁨을 얻을 수 있다.

**gain**
: (필요하거나 원하는 것을) 하게 [얻게] 되다

The company was trying to gain a foothold in the U.S.A.
: 그 회사는 미국에 기반을 얻으려고 애썼다.

She doesn't want to flatter people to gain their trust.
: 그녀는 사람들의 신용을 얻기 위해 아첨하는 것은 원치 않는다.

They are all absorbed in pursuing worldly fame and gain.
: 그들은 모두 이욕과 명성을 얻기에 골몰하고 있다

There is much pleasure to be gained from useless knowledge.

버트런드 러셀_인터뷰

# Day 2

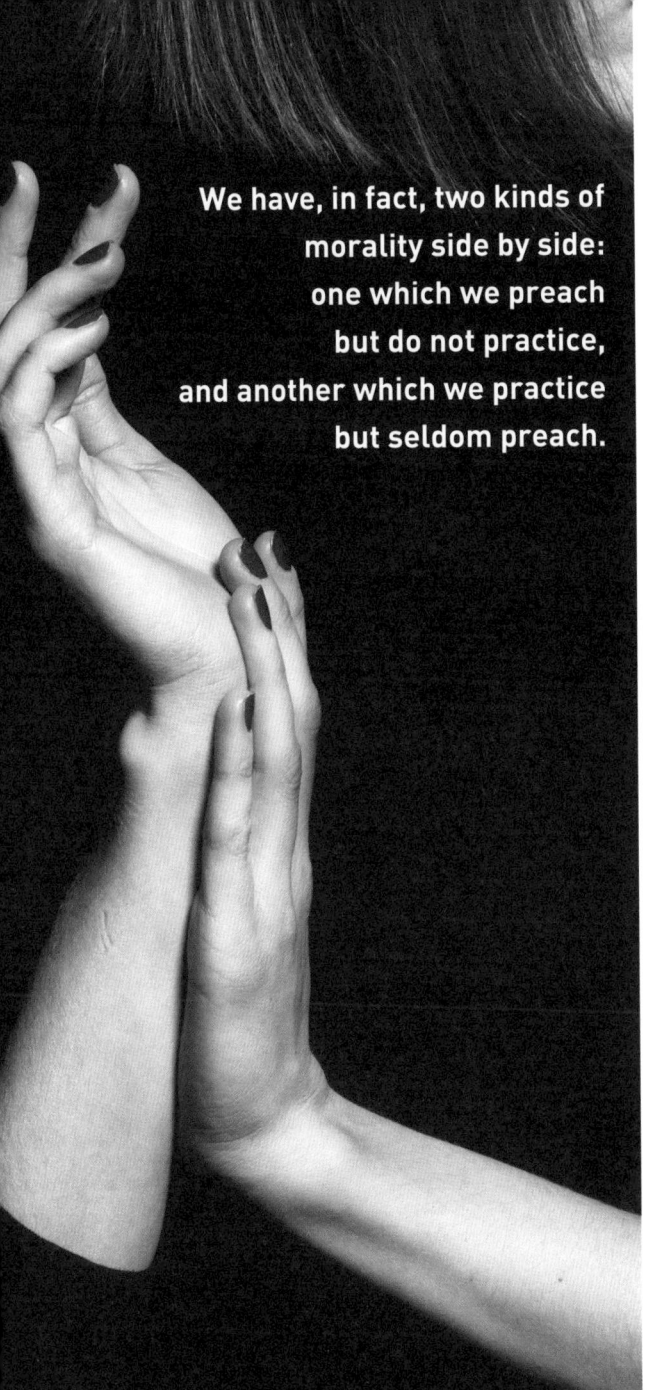

We have, in fact, two kinds of morality side by side: one which we preach but do not practice, and another which we practice but seldom preach.

사실 우리에겐 두 가지 종류의 도덕이 나란히 존재한다. 하나는 입으로 외치며 실천하지 않는 것이고, 다른 하나는 실천하지만 좀처럼 외치지 않는 것이다.

morality
: 도덕
Standards of morality seem to be dropping.
: 도덕 수준이 떨어지고 있는 것 같다.
We began to doubt his morality because of his lies.
: 우리는 그가 한 거짓말 때문에 그의 도덕성을 의심하기 시작했다.
The contract has a morality clause.
: 그 계약은 도덕 조항을 포함한다.

seldom
: 좀처럼[거의] ~않는
seldom receive news
: 소식이 뜸하다
not seldom
: 이따금, 흔히

# Day 3

**Fear is the main source of superstition, and one of the main sources of cruelty. To conquer fear is the beginning of wisdom.**

두려움은 미신의 근본이며, 잔인함의 근원이다. 두려움을 정복하는 것이 지혜의 시작이다.

cruelty
: 잔인함, 학대
a streak of cruelty
: 잔인한 구석
cruelty-free
: (화장품·약품 등이) 동물 실험을 거치지 않고 개발된; 동물성 식품을 함유하지 않은
mental cruelty
: 정신적 학대
cruelty toward~
: ~에 대한 학대

# Day4

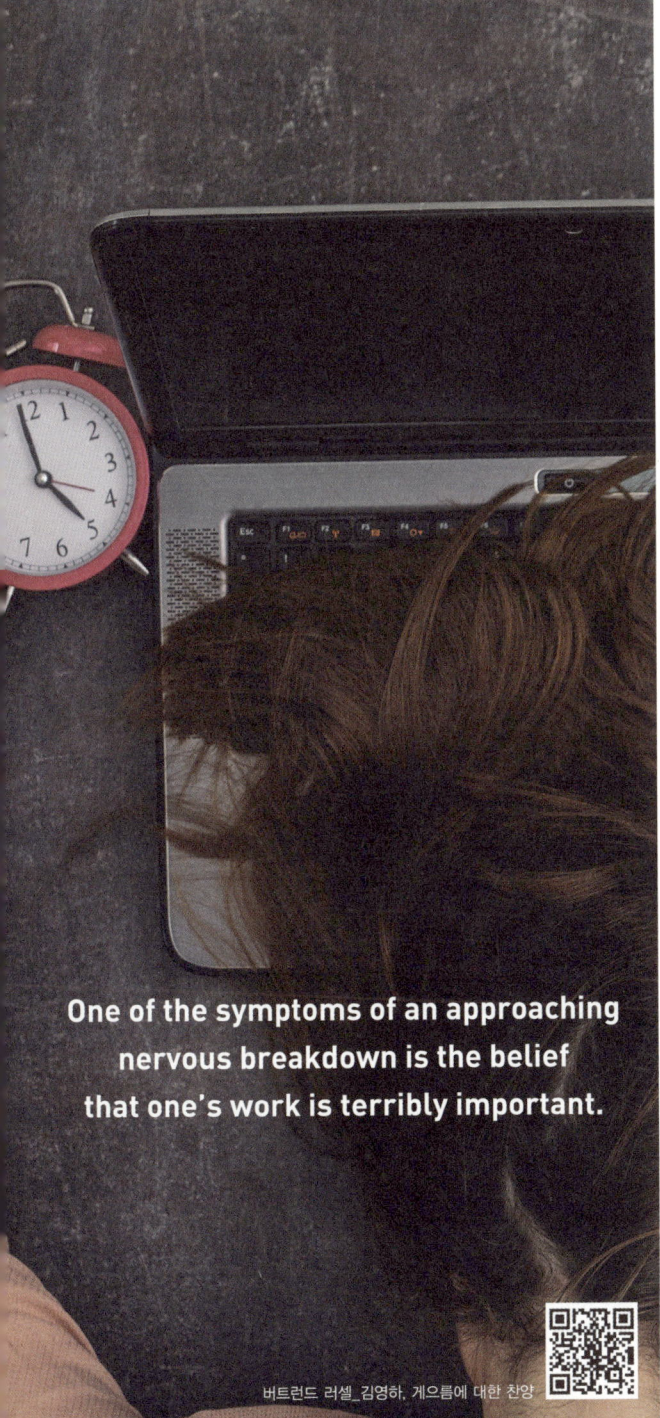

One of the symptoms of an approaching nervous breakdown is the belief that one's work is terribly important.

신경쇠약이 임박했음을 알려주는 증상 중 하나는 자신의 일이 엄청 중요하다는 확신이다.

nervous breakdown
: 신경 쇠약
a chronic sufferer with nervous breakdown
: 신경쇠약의 만성(慢性)환자.
to have a nervous breakdown
: 신경 쇠약에 걸리다[걸려 있다]
on the verge of a nervous break-down
: 신경쇠약에 걸릴 지경인
physical and nervous breakdown
: 육체적 및 정신적 장애

# Day5

The point of philosophy is to start with something so simple as not to seem worth stating, and to end with something so paradoxical that no one will believe it.

철학의 의미는 언급할 가치도 없어 보이는 단순한 것에서 시작하여 누구도 믿지 않을 역설적인 것으로 끝나는 것이다.

paradoxical
: 역설의
It is also some paradoxical statement.
: 그것은 좀 역설적인 문장이기도 해.
Women in India occupy a paradoxical status.
: 인디아의 여성들은 모순적인 위치를 맡고 있다.
It is paradoxical that some of the poorest people live in some of the richest areas of the country.
: 가장 가난한 사람들 중 일부가 그 나라에서 가장 부유한 지역들 중 일부에 산다는 것은 역설적이다.

# [21Week]
## 자유사상가, 조지 산타야나 George Santayana

에스파냐 출생의 미국 철학자 겸 시인이자 평론가 조지 산타야나. 그가 태어난 지 얼마지 않아 부모는 별거생활을 한 탓에, 8세까지는 아버지 밑에서, 그 이후는 어머니가 있는 보스턴에서 자랐습니다. 하버드 대학을 졸업하고 교수가 되었으나 1912년에 사직하고 영국, 프랑스에서 살다가 1925년 이후에는 로마에 정착하였고, 제2차 세계 대전 중에는 로마의 사원에서 가톨릭적 자유사상가로 지냈습니다.

삶의 여정처럼 그의 사상은 어느 학파에도 속하지 않는 독특한 것이었습니다. 견고한 자연주의와 아름다운 낭만주의를 결합하려고 하는 것은 산타야나 사상의 특징이라고 할 수 있지요.

많은 인물들의 삶을 통해 알 수 있듯, 그 사람이 살아온 여정을 보면 그 사람의 사상과 성격을 알 수 있는 것 같습니다. 지금까지 당신이 살아온 삶은 여정이 만든 당신은 어떤 모습인가요? 당신이 추구하는 모습을 위해 앞으로 나아가야 하는 삶은 여정은 어느 곳을 향해 있나요?

# Day 1

**Before he sets out, the traveler must possess fixed interests and facilities to be served by travel.**

길을 떠나기 전, 여행자는 여행에서 달성할 목적과 동기를 가지고 있어야 한다.

**facility**
: (생활의 편의를 위한) 시설[기관]
a new health care facility
: 새로운 건강관리 시설
nuclear facility
: 핵시설, 핵무기 공장
detention facility
: 구류 시설; 소년원
an athletic facility
: 운동 경기 시설

# Day2

출생과 죽음은 피할 수 없으므로 그 사이를 즐겨라.

**nterval**
: (두 사건 사이의) 간격
Select a duration for the time interval.
: 시간 간격의 지속 기간을 선택합니다.
The time interval is too small.
: 시간 간격이 너무 작습니다.
At an interval of five years.
: 5년 간격으로.

**There is no cure for birth and death, save to enjoy the interval.**

# Day3

**The body is an instrument,
the mind its function,
the witness and reward of
its operation.**

몸은 도구이다. 마음은 그 도구를 움직이는 기능, 증거, 보상이다.

instrument
: (특히 섬세하거나 과학적인 작업에 쓰는) 기구
He demonstrated how to use the instrument.
: 그는 그 기계의 사용법을 설명했다.
Analysis is performed on the instrument.
: 기기에서 분석이 수행됩니다.
The doctor used an instrument to look in the girl's ears.
: 의사는 기구를 사용해 그 소녀의 귀를 들여다보았다.

# Day4

가장 지혜로운 마음은 계속 무언가를 배울 여유를 가진다.

wise
: 사람이 지혜로운, 현명한, 슬기로운
wisest
: 가장 지혜로운
the wisest and safest plan.
: 만전의 대책
The wisest men follow their own direction.
: 가장 현명한 사람은 자신만의 방향을 따른다.
The most learned are not the wisest.
: 가장 많이 배웠다고 가장 현명한 것은 아니다.

The wisest mind has something yet to learn.

# Day5

Our character...is an omen of our destiny, and the more integrity we have and keep, the simpler and nobler that destiny is likely to be.

우리의 인격은… 우리 운명의 전조이고, 우리가 도덕성을 더욱 함양하고 지킬수록 우리 운명은 더 단순하고 고결하게 될 것이다.

**omen**
: 징조, 조짐
an evil omen
: 흉조
see a good omen
: 서광이 보이다
an omen for
: ~의 조짐
a lucky omen
: 길조

**integrity**
: 진실성
great integrity
: 청렴결백
preserve the integrity of
: ~을 완전한 상태로 유지하다
a person of integrity
: 청렴한 사람

[22Week]

## 자유의 철학자, 바뤼흐 스피노자 Baruch de Spinoza

네덜란드의 철학자로 유태인 가정에 태어난 그는 자신이 주장한 자유주의 사상 때문에 유태 교회에서 파문당하게 됩니다. 종교가 곧 정치적 지배의 수단으로 작용했던 당시 상황에서 스피노자의 긍정과 자유의 철학은 매우 위험한 사상이었습니다. 그래서 그는 때때로 살해 위협을 받기도 했고,《신학정치론》은 익명으로 펴낼 수밖에 없었으며 주요 저서로 평가되는《에티카》는 생전에 출판할 수조차 없었지요. 방문객이 없을 때는 책상 앞을 떠나는 일이 거의 없었다는 그는, 수면 부족과 과로로 건강이 악화되어 갔습니다. 그리고 어느 추운 겨울, 44세의 짧은 생을 마감하게 됩니다.

침대, 방석, 이불, 모자 둘, 구두 두 켤레, 속옷, 여행 가방, 책상, 의자, 렌즈 연마기와 렌즈, 작은 초상화, 은 버클 2개, 체스도구, 은 인장. 유족들이 상속을 포기할 정도로 보잘 것 없는 물건들이 스피노자가 남긴 유산 목록의 전부였습니다. 하지만, 그가 남긴 자유의 철학은 오늘날 그를 '철학자들의 그리스도'(들뢰즈의 표현)라고 부를 정도로 강력한 영향을 미치고 있습니다.

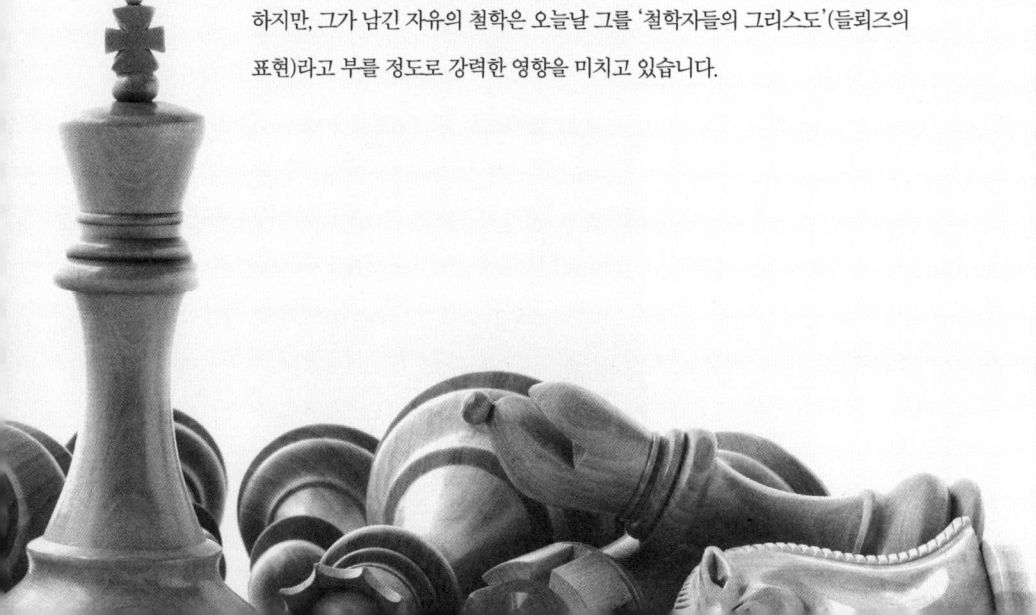

# Day1

평화는 단지 전쟁이 없는 상태가 아닌, 마음의 상태, 자비, 신뢰, 정의에서 비롯되는 미덕이다.

**mere**
: 단순한, 순전한, 단지 ~에 불과한
He revealed his nation's secrets for a mere sum of money.
: 그는 불과 몇 푼의 돈에 국가 기밀을 털어놓았다.
Don't worry about this mere circumstance.
: 이 하찮은 것에 대해 고민하지 마라.
Upon investigation it was found to be a mere rumor.
: 조사 결과 그것은 단순한 소문으로 판명됐다.

**For peace is not mere absence of war, but is a virtue that springs from, a state of mind, a disposition for ben evolence, confidence, justice.**

# Day2

**Men govern nothing with more difficulty than their tongues, and can moderate their desires more than their words.**

인간에게 혀를 다스리는 일보다 어려운 일은 없고, 말보다 욕망을 더 잘 조절할 수 있다.

**moderate**
: 조정[관리]하다
Set the oven to a low/high/moderate heat.
: 오븐 온도를 저온/고온/중간 온도에 맞추어라.
To play the role, I had to moderate my emotions.
: 이 역할을 소화하기 위해 제 감정을 절제해야만 했어요.
moderate the heat.
: 열기를 누그러뜨리다.

스피노자_강신주의 에티카 읽기

# Day 3

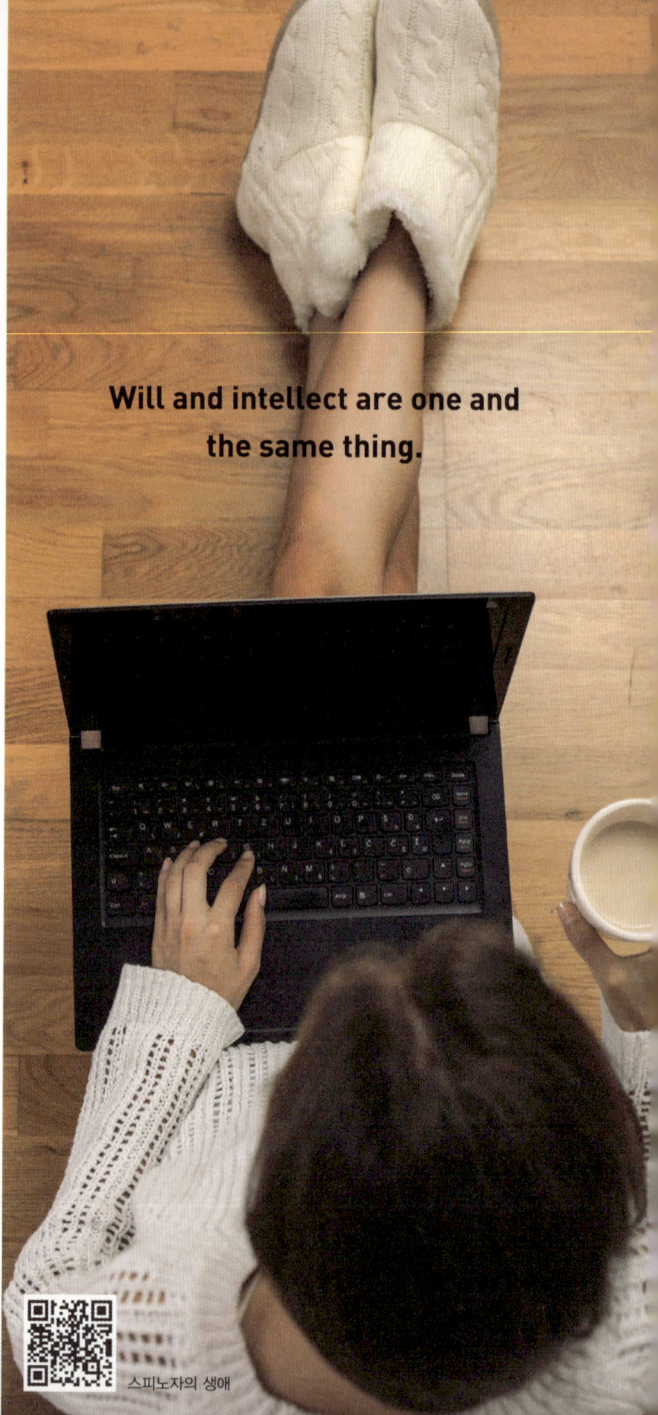

**Will and intellect are one and the same thing.**

의지와 지성은 동일한 것이다.

**intellect**
: 지적 능력, 지력

You estimate his intellect too highly.
: 당신은 그의 지력을 과대평가하고 있다.
They described him as a man of keen intellect.
: 그들은 그를 예리한 지성의 소유자로 묘사했다.
He is a man of keen intellect.
: 그는 영민한 두뇌의 소유자다.

스피노자의 생애

# Day 4

완전한 이성에 따라 (본인의 의지만으로) 자유로이 동의할 수 있는 사람만이 자유롭다.

consent
: (특히 권위 있는 사람에 의한) 동의[허락]

spousal consent
: 배우자의 동의

by unanimous consent
: 만장일치로

consent to a revision
: 개정안을 인준하다

readily[willingly] consent
: 선뜻 승낙하다

He alone is free who lives with free consent under the entire guidance of reason.

# Day 5

**None are more taken in by flattery than the proud, who wish to be the first and are not.**

최고가 되고자 하지만 최고가 아닌, 자만한 사람만큼 아첨에 잘 넘어가는 사람이 없다.

flattery
: 아첨

Are you trying to flatter me?
: 너 나한테 아첨하는 거니?

You're too intelligent to fall for his flattery.
: 너는 아주 이지적이니 그의 아첨에 넘어가진 않을 거야.

More people speaking words of flattery.
: 많은 사람들이 입에 발린 말을 하지.

She disdains flattery.
: 그녀는 아첨을 경멸한다.

## [23Week]
### 고독한 인생, 앙리 아미엘 Henri amie

스위스의 프랑스계 문학가이자 철학자인 아미엘은 어린 나이에 부모님을 여의게 됩니다. 하지만 유럽의 지성들과 친밀한 관계를 맺으며 독일 철학에 대해 특별한 연구를 진행했고, 1849년 제네바 학회에서 미학 교수로 임명되었으며, 1854년에는 도덕 철학 교수가 되었습니다. 유년 시절의 불행을 학문으로 잘 극복한 그였지만 그는 평생 세상과 담을 쌓고 독신으로 살면서 외로움 속에서 자신만의 세계를 만들어갑니다.

'스스로에게 만족하지 못할 때 타인에게도 불만을 품게 된다'는 그의 말처럼, 그의 인생은 지식, 교양을 충족을 위해서든 육체, 정신적 충전을 위해서든 자신만을 위한 시간이 매우 중요하다는 것을 보여주는 것만 같습니다. 가족이나 직장 동료, 친구 등 타인에 대한 불만이 많아진다면 혹시 지금 불만의 방향이 잘못된 것은 아닌지, 자신만의 시간을 가져보는 것은 어떨까요?

# Day 1

**Happiness gives us the energy which is the basis of health.**

행복은 우리에게 건강의 근본이 되는 에너지를 준다.

**basis**
: 근거, 이유
Education is the basis of a nation.
: 교육은 나라의 근간이다.
Individual freedom forms the basis of democracy.
: 개인의 자유가 민주주의의 근저를 이루고 있다.
It rests on a firm basis.
: 공고한 기초 위에 서 있다.

# Day2

자유와 평등, 형편없는 원칙이다. 인류에게 하나밖에 없는 진정한 원칙은 정의이며 약자에 대한 정의는 보호와 친절이다.

feeble
: 아주 약한
be feeble
: 힘이 없다[약하다]
feeble-minded
: 정신박약의
have a feeble pulse
: 맥박이 약하다
feeble light
: 희미한 빛

Liberty, equality - bad principles!
The only true principle for humanity is justice;
and justice to the feeble is protection and kindness.

# Day3

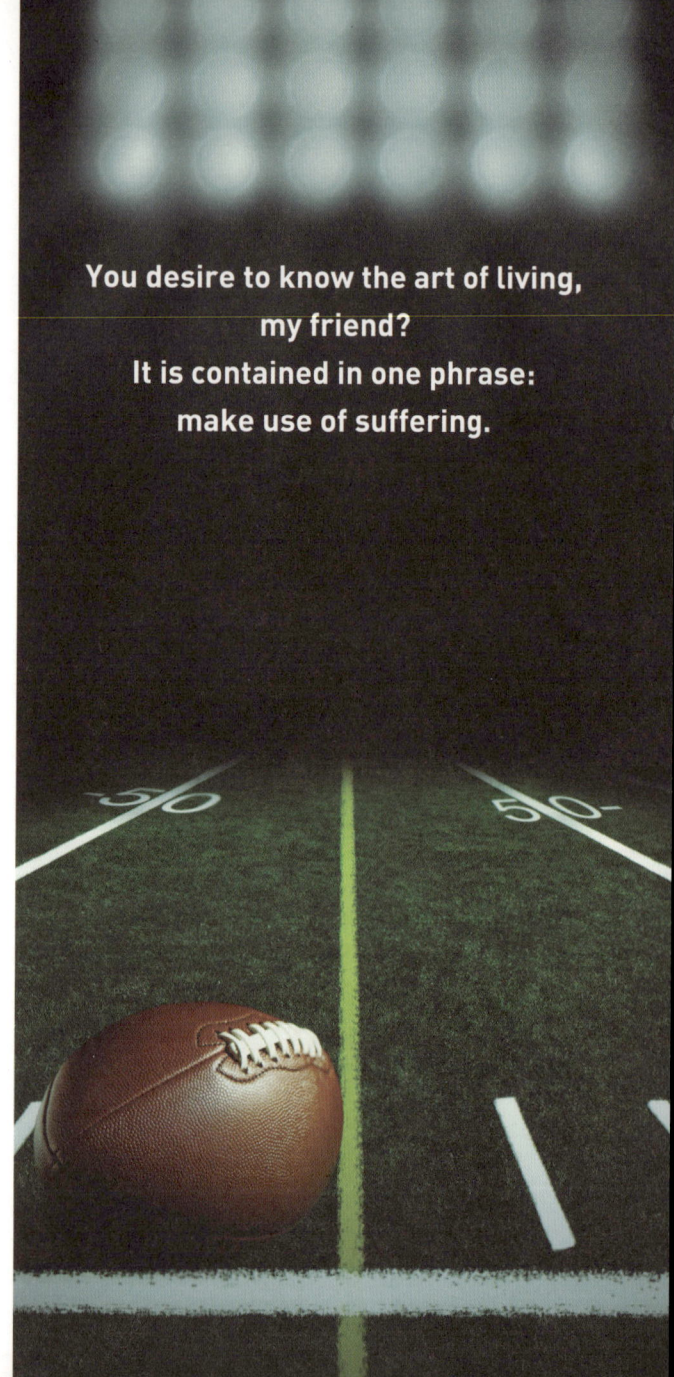

You desire to know the art of living, my friend?
It is contained in one phrase: make use of suffering.

처세의 이치를 알고 싶은가 친구여? 이 한 문장 속에 담겨있다. '시련을 활용하라.'

phrase
: 구(句, 동사 외의 낱말들 두 개 이상으로 이뤄진 문장 성분)
He read the phrase like the burden of a song.
: 그는 구절들을 되풀이해서 읽었다.
Displays the banned word or phrase.
: 금지된 단어 또는 구문을 표시합니다.
The journalist turned a phrase for the journal.
: 그 기자는 잡지에 넣을 경구를 만들었다.

# Day4

Hope is only the love of life.

희망만이 인생의 유일한 사랑이다.

only
: 유일한, 오직[겨우] ~만의
need only
: 단지 ~하기만 하면 되다
only child
: 외동(딸·아들)
Staff Only
: 관계자 외 출입 금지
in name only
: 이름뿐인[명목상으로만]
only have to
; 단지 ~하기만 하면 되다

# Day 5

빛이 있는 동안 일하라.
그대는 자신에게 맡겨진 재능에 대한 책임이 있다.

entrust ~ A (to B) | ~ B with A
: (일을) 맡기다
entrusted with
: …을 맡은[위임받은]
entrust valuables to
: 귀중품을 맡기다
entrust management system
: 위탁관리제

Work while you have the light.
You are responsible for the talent that has been entrusted to you.

[24Week]
## 성인이라 불리는 철학자, 소크라테스 Socrates

고대 그리스 철학자로 소크라테스를 모르는 사람은 없을 겁니다. 세계 4대 성인 중의 한 사람으로 꼽히는 소크라테스는 아테네에서 조각가인 아버지와 산파(産婆)인 어머니 사이에서 태어났습니다. 그런데 놀랍게도 이 유명한 철학자는 단 한 권의 저서도 남기지 않았습니다. 그런데 어떻게 지금까지 그의 사상과 말들이 이어져올 수 있었을까요?

항상 많은 제자들이 따랐지만 무보수로 제자들을 가르쳤던 그는 가난한 탓에 누추한 옷차림으로 아테네 거리에서 아무에게나 말을 걸기로 유명했다고 합니다. 당시 소피스트들이 상대적이고 회의적인 태도에 머물렀던 데 반해, 소크라테스는 이 세상에 절대적인 진리와 객관적인 도덕이 있음을 믿어 의심치 않았고, 이것을 많은 사람들에게 논리적인 방법을 동원해서 열심히 설파했지요. 천박한 행복주의를 쫓지 않고 순수한 이상을 추구했던 그는 신에 대한 불경죄로 사형을 선고 받은 후에도 분노하지 않고 죽음을 겸허히 받아들였습니다.

"나를 고소하거나 유죄로 투표한 사람들에게 화를 내지 않습니다. 이제 떠날 시간이 되었습니다. 나는 사형을 받기 위해, 여러분들은 살기 위해……. 그러나 우리 가운데 어느 쪽 앞에 더 좋은 것이 기다리고 있을지는 신 외에는 아무도 모를 것입니다"

이런 그의 삶 자체에 영향을 받은 사람들에 의해, 남겨진 책 한 권 없이도 그의 사상과 삶이 생생하게 전해져오고 있습니다.

# Day 1

바르게, 아름답게, 정의롭게 사는 것은 결국 모두 똑같은 것이다.

justly
: 바르게, 정당[타당]하게, 공정하게; 정확하게

to be treated justly
: 공정한 대우를 받다

estimate justly
: 정당하게 평가하다

it is justly described as
: 그것을 ~라고 한 것은 가장 적절하다.

Living well and beautifully and justly are all one thing.

소크라테스_인문학 강연

# Day2

Bad men live that they may eat and drink, whereas good men eat and drink that they may live.

악인은 먹고 마시기 위해서 살고, 선인은 살기 위해 먹고 마신다.

whereas
: 두 가지 사실을 비교·대조할 때 쓰는 접속사

Some of the studies show positive results, whereas others do not.
: 그 연구들 중 일부는 긍정적인 결과를 보여주지만, 다른 것들은 그렇지 않다.

Some fish need warm water whereas some do not.
: 어떤 물고기들은 더 따뜻한 물을 필요로 하는 반면 다른 것들은 그렇지 않습니다.

Whereas if you don't, you'll die.
: 만약 네가 하지 않으면, 넌 죽을 거다.

# Day3

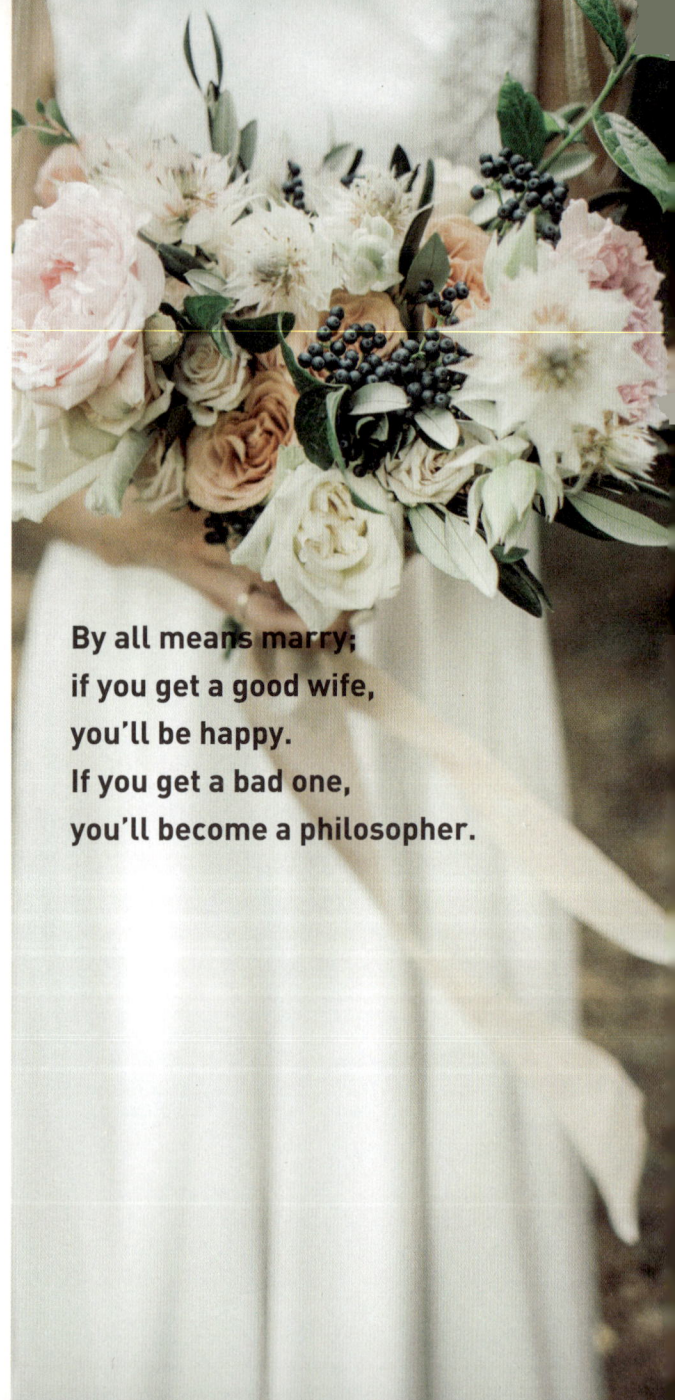

반드시 결혼하라. 좋은 아내를 얻으면 행복할 것이다. 악처를 얻으면 철학자가 될 것이다.

philosopher
: 철학자
philosophy
: (학문으로서의) 철학
moral philosophy
: 도덕학, 윤리학
mental philosophy
: 심리학
talk philosophy
: 철학을 논하다

**By all means marry;
if you get a good wife,
you'll be happy.
If you get a bad one,
you'll become a philosopher.**

# Day4

무지를 아는 것이 곧 앎의 시작이다.

exist
: 존재[실재/현존]하다
co-exist
: 공존하다
exist on
: ~으로 살아가다.
cease to exist
: 소멸[절멸]하다
cease to exist
: 없어지다, 죽다

True knowledge exists in knowing that you know nothing.

소크라테스_토론

# Day 5

Remember that there is nothing stable
in human affairs;
therefore avoid undue elation
in prosperity,
or undue depression in adversity.

인간사에는 안정된 것이 하나도 없음을 기억하라. 그러므로 성공에 들뜨거나 역경에 지나치게 의기소침하지 마라.

undue
: 지나친, 과도한
make an undue profit
: 폭리를 탐하다
undue benefit
: (법률) 부당이득
undue exertion
: 과로
create undue stress
: 심한 압박감을 유발하다

[25Week]

## 의학자이자 문명비평가, 해브록 엘리스 <sup>Havelock Ellis</sup>

교사이자 의학자이자 문명비평가라는 독특한 직업을 가졌던 해브록 엘리스. 그는 선장의 아들로 태어나 6세 때 호주로 항해하여 견문을 넓혔으며, 12세까지 런던에서 교육을 받고 16세 때 다시 호주로 건너가 교사생활을 했습니다. 그 후, 고국으로 돌아와 의학공부를 하였으나 문학과 사회학에 흥미를 가져 개업하였던 의사생활을 청산하고 1890년 처녀작으로 문학론을 발표하면서 문명비평가로의 삶을 시작하게 됩니다. 이후 본업이었던 의학지식과 청소년시절의 미개사회에 대한 식견이 가미되어 화제작이 된 저서 《성심리(性心理)의 연구》로 유명세를 얻게 되지요. 그래서 어떤 이들은 그를 성심리학자라고 지칭하기도 합니다. 이렇게 그가 다양한 직업군에서 다양한 연구와 활동을 펼칠 수 있었던 것은 바로 어려서부터 가질 수 있었던 다양한 경험을 통해 견문을 넓혀왔기 때문이 아닐까요? 당신이 정말 하고 싶은 것, 당신이 정말 보고 경험하고 싶은 것이 있나요? 지금 뭔가 떠오르는 것이 있다면 당신에게 말해주고 싶습니다. 늦지 않았다고.

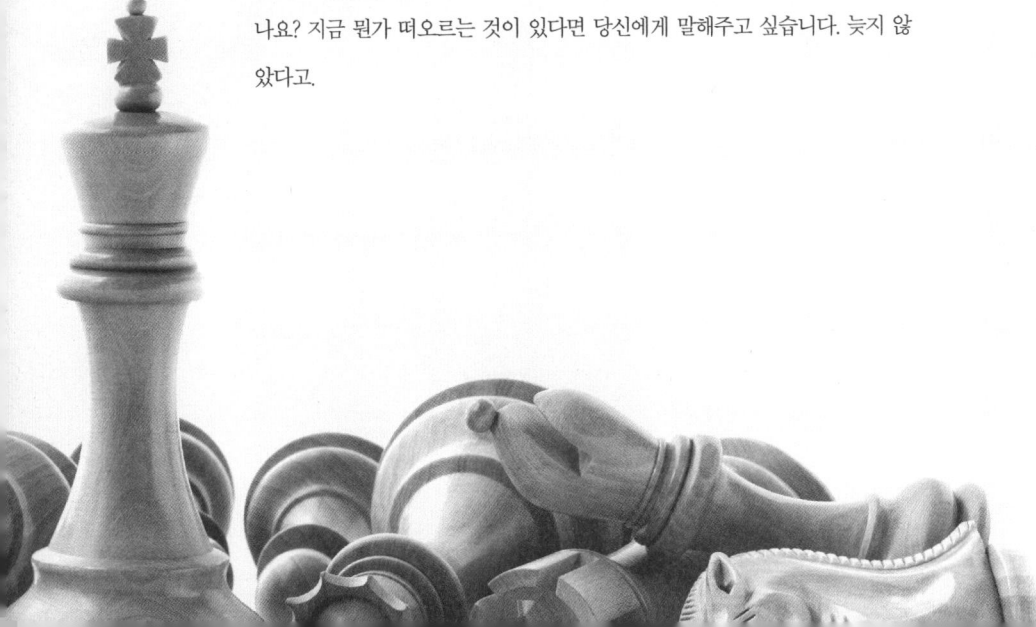

# Day1

사랑은 끝없는 용서의 행위이며, 습관으로 굳어지는 상냥한 표정이다.

**endless**
: 무한한, 한없는

비슷한 의미로 사용할 수 있는 단어로는 'eternal(영원한), infinite(무한한, 무궁한, 끝없는), continual(계속적인, 잇따른), continual fear(지속되는 두려움), unlimited(끝없는, 망망한, 한없는, 무한한), interminable(끝없는, 한없는), incessant(끊임없는, 그칠 새 없는, 쉴 새 없는), boundless(무한한, 한이 없는, 끝없는), everlasting(영원히 계속되는, 불후의, 영원한)' 등이 있습니다.

**Love is an act of endless forgiveness, a tender look which becomes a habit.**

# Day 2

The absence of flaw in beauty is itself a flaw.

아름다움에 결점이 없다는 것 자체가 결점이다.

absence
: 결석, 결근, 부재, 없음, 결핍
As you remember we don't accept absence without leave.
: 기억하다시피 우리는 무단결근을 용납하지 않습니다.
A day's absence means so much loss.
: 하루 쉬면 그만큼 손해가 된다.
The meeting was postponed in the absence of manager.
: 상사가 없어서 회의가 연기되었다.

# Day 3

**The place where optimism most flourishes is the lunatic asylum.**

낙관론이 가장 많이 꽃피는 곳은 정신병원이다.

optimism
: 낙관론, 낙관주의
optimism about the future
: 미래에 대한 낙관론
blind optimism
: 맹목적 낙관
optimism over
: ~에 대한 낙관론
show optimism
: 낙천적이다

# Day4

아이들은 우리가 확신할 수 있는 유일한 형태의 영원이다.

**immortality**
: 불멸, 영원
an immortal work
: 불후의 명작
win one's immortality
: 불후의 명성을 얻다
crave for immortality
: 영원을 그리다

**Children are the only form of immortality that we can be sure of.**

해브룩 엘리스의 생애

# Day5

나는 운명처럼 웃음과 약혼했다. 웃음소리는 언제나 세상에서 가장 세련된 음악으로 들린다.

**irrevocably**
: 변경할 수 없게

A single currency means irrevocably fixed exchange rates.
: 단일 통화는 변경할 수 없는 고정 환율을 의미한다.

I was unconditionally and irrevocably in love with him.
: 나는 무조건적이고 돌이킬 수 없을 만큼 그를 사랑하게 됐다.

He said the decision was irrevocable.
: 그는 그 결정은 번복할 수 없다고 말했다.

I was irrevocably betrothed to laughter, the sound of which has always seemed to me to be the most civilized music in the world.

# Chapter 3.

## '삶과 사랑, 자유를 외치다', 예술가들의 말

끊임없이 기존의 틀을 깨고 새로운 아름다움을 추구하는 예술가들.
그리고 그들이 남긴 예술 작품들보다 더 예술적이었던 그들의 삶과 말.

## [26Week]
## 시대로부터 버림받은 천재 작가, 오스카 와일드 Oscar Wilde

오스카 와일드는 아일랜드 더블린 출생의 극작가이자 소설가, 시인으로 19세기 말 유미주의를 대표하는 작가입니다. 와일드는 대학 졸업 직후부터 일찍이 작가로서의 재능을 인정받았는데, 뛰어난 재기(才氣)와 화려한 행동으로 인하여 세간의 주목을 끌었다고 합니다. 아홉 편의 희극밖에 쓰지 않았지만 천재 희극작가로 불릴 정도로 당시 그의 희극 작품은 수많은 관객을 몰고 다녔고 좌담과 강연에 능해 사교계에서도 화려한 존재였지요.

그런데 세계 어디를 가도 이런 천재 작가를 기리는 박물관이나 기념관을 찾아볼 수가 없는 건 왜일까요? 당시에 중죄였던 동성애 혐의로 기소되어 2년 동안 수감생활을 했던 것이 아마 결정적이 이유였을 것입니다. 이후 가족들과 절연한 뒤 파리로 떠났기 때문에 그의 유품이랄 것이 남아있지 않았고, 시대적으로 배척받은 인물이었기에 그의 발자취를 소중히 간직해줄 사람들이 없었지요. 파리에서 빈궁한 삶을 살던 와일드는 결국 뇌수막염에 걸려 외롭게 죽음을 맞이합니다. 출중한 재능을 가졌지만 대중을 버림을 받았던 그의 삶에서 인생의 환희와 덧없음을 모두 보는 것 같습니다.

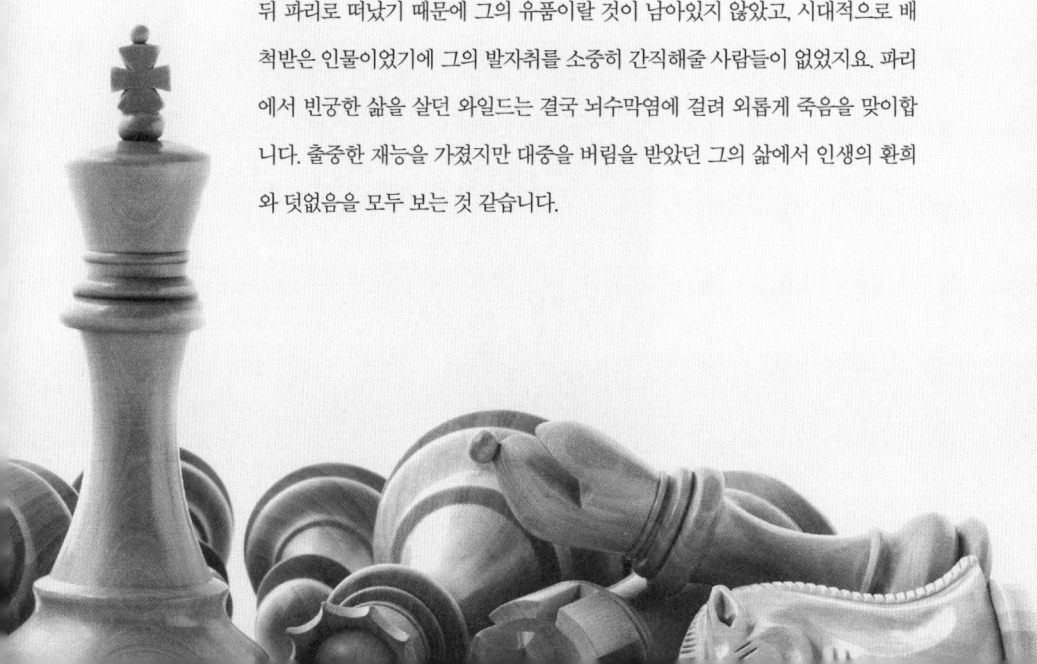

# Day 1

진실은 순수하기가 힘들고, 결코 단순하지 않다.

truth
: 사실, 진상
in truth
: 사실은[실은](실상이 어떠함을 강조할 때 씀)
half-truth
: 반쪽 진실(특히 남을 속이기 위해 진실의 일부만 말하는 것)
home truth
: (주로 복수로) (어떤 사람에 대해 다른 사람이 해 주는) 뼈아픈 말
a permanent truth
: 만고불변의 진리

**The truth is rarely pure and never simple.**

오스카 와일드의 생가

# Day 2

Life is far too important a thing ever to talk seriously about.

인생이란 진지하게 이야기하기에는 너무나 중요한 것이다.

seriously
: 심각하게, 진지하게, 진심으로
He was knocked down by a bus, and seriously hurt.
: 그는 버스에 치여서 심하게 다쳤어요.
I wonder whether it is meant seriously.
: 그것이 진심으로 한 말이었는지 모르겠다.
Do you seriously mean what you say?
: 그 말 진심인가요?

# Day3

The reason we all like to think so well of others is that we are all afraid for ourselves.
The basis of optimism is sheer terror.

타인을 이렇게도 좋게 생각하는 이유는 자신의 미래가 두렵기 때문이다. 긍정적 사고의 기저에는 끔찍한 공포가 있다.

optimism
: 낙관론, 낙관[낙천]주의
blind optimism
: 맹목적 낙관
optimism over
: ~에 대한 낙관론

sheer
: (크기·정도·양을 강조하여) 순전한
She earned her grades through sheer hard work.
: 그녀는 순전히 열심히 노력하여 자기 성적을 땄다.
It would be sheer madness to trust a man like that.
: 그와 같은 남자를 믿는 것은 순전히 미친 짓일 것이다.

# Day4

Always forgive your enemies;
nothing annoys them so much.

오스카 와일드_행복한 왕자 북오디오

항상 당신의 적을 용서하라. 그것만큼 적을 괴롭힐 수 있는 것은 아무 것도 없다.

**annoy**
: 짜증나게[약 오르게] 하다
I don't mean to annoy you.
: 널 짜증나게 하려는 의도는 아니었어.
I'm sure he says these things deliberately to annoy me.
: 나를 성가시게 하기 위해 그가 일부러 이런 말을 하는 게 틀림없다.
His constant joking was beginning to annoy her.
: 그의 계속되는 농담에 그녀가 짜증이 나기 시작하는 참이었다.

# Day5

Selfishness is not living
as one wishes to live,
it is asking others to live
as one wishes to live.

이기주의란 내가 원하는 대로 사는 것이 아니라 타인에게 내가 원하는 방식으로 살라고 요구하는 것이다.

**selfishness**
: 제멋대로임, 이기적임
비슷한 의미로 사용할 수 있는 단어로는 'self-centred(자기중심적인, 자기 본위의), self-interested(사리를 도모하는, 자기 본위의, 이기적인)' 등이 있습니다.
He is a lump of selfishness.
: 그는 이기심 덩어리다.
I became angry with his selfishness.
: 나는 그의 이기심에 화가 났다

# [27Week]
## 창조는 놀이다, 스티븐 나흐마노비치 Nachmanovitch

음악가, 작가, 컴퓨터 아티스트 및 교육자라는 특이한 직업을 갖고 있는 스티븐 나흐마노비치. 즉흥 연주를 주로 하는 바이올리니스트답게 그의 주요 저서인《놀이, 마르지 않는 창조의 샘》은 즉흥성과 창조성이라는 주제에 집중하고 있습니다.

사람들은 창조성을 마치 예술가나 천재들의 전유물로 생각하지만, 그는 누구나 창조성을 내재하고 있다며 창조활동을 할 때 그것의 원천이자 열쇠가 되는 것이 즉흥성이라고 말합니다. 그렇다면, 어떻게 하면 창조활동을 위한 즉흥작업을 잘 할 수 있을까? 나흐마노비치는 즉흥연주, 즉흥적인 메모, 즉흥으로 그리는 낙서나 그림 등 즉흥작업들을 놀이의 다른 형태로 볼 수 있다고 설명합니다. 결국 놀이를 통해 우리 안에 내재된 창조성을 꺼낼 수 있다는 것이지요. 신나게 놀아본지가 언제였는지 모르겠고, 온통 해야 할 일들로 내재된 창조성을 거의 느낄 수 없다면 나만의 놀이를 만들어보는 건 어떨까요?

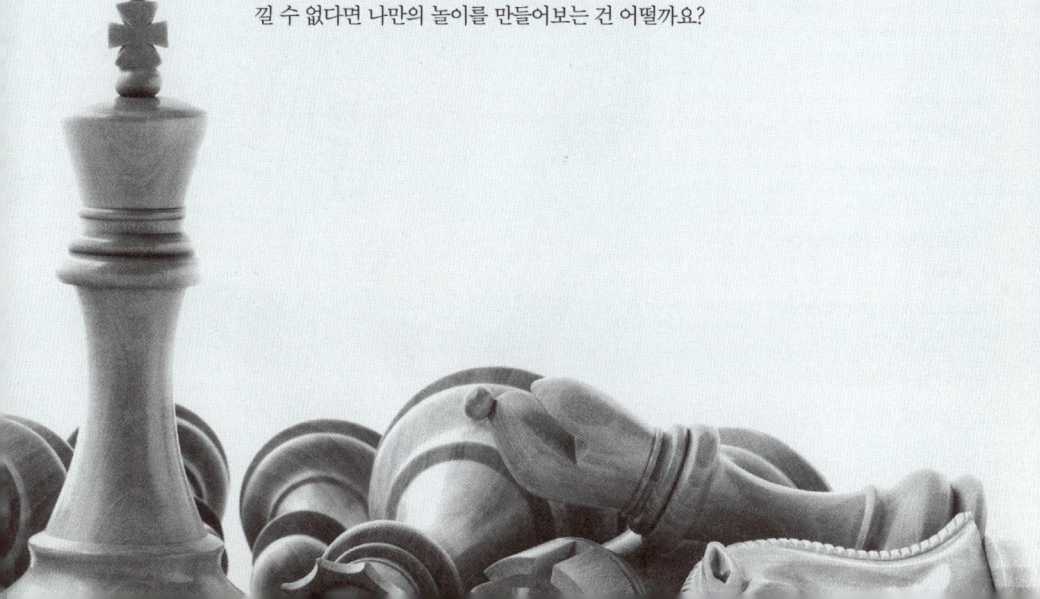

# Day 1

Creative work is play.
It is free speculation using
materials of
one's chosen form.

창조적 작업은 놀이와 같다. 원하는 형태의 재료를 사용해 자유로운 추측을 하는 것이다.

speculation
: 추측, (어림)짐작
rabid speculation
: 극단적인 억측
make a wild speculation
: 억측을 하다
be given to speculation
: 사색에 잠기다
a wild speculation
: 사실과 먼 추측

# Day 2

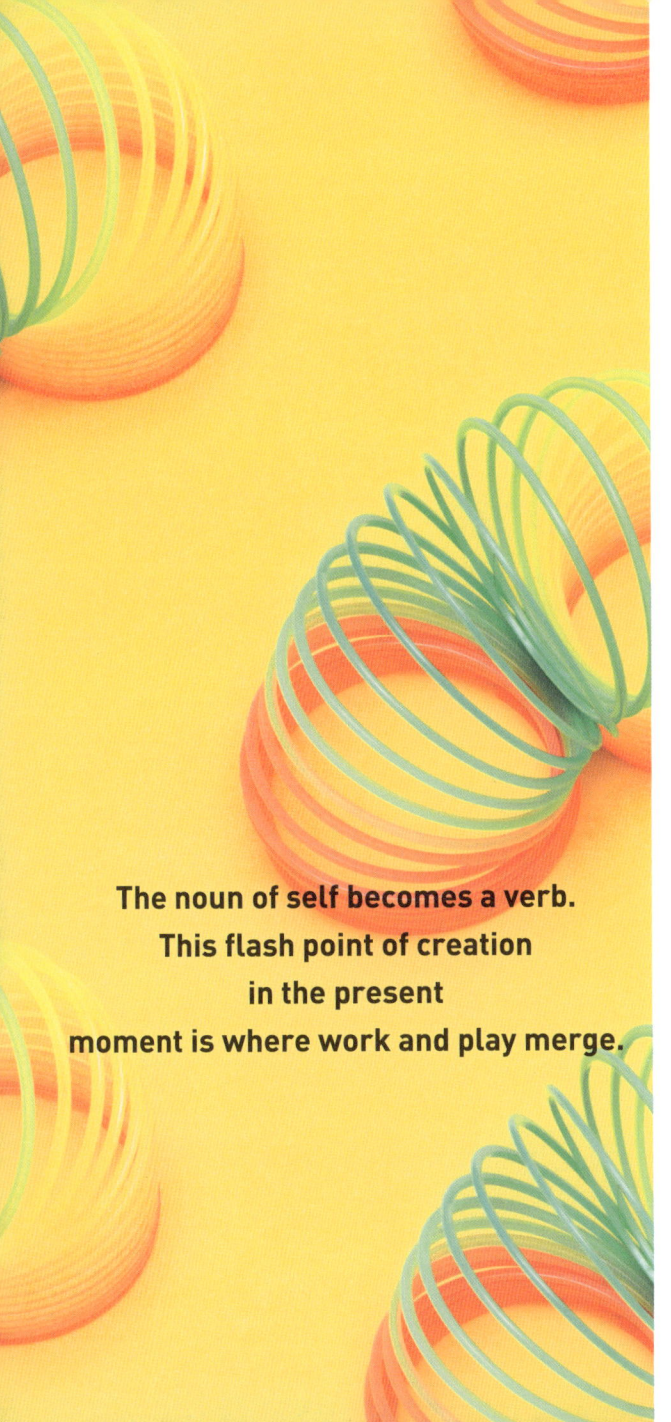

스스로라는 명사가 동사가 된다. 현실에서 이러한 창조의 순간은 일과 오락이 하나가 될 때 일어난다.

**merge**
: 합병[병합]하다, 합치다
**merge into**
: ~에 합병하다
**merge with**
: ~와 통합, 합병되다
**merge gradually**
: 서서히 뒤섞이다

The noun of self becomes a verb.
This flash point of creation
in the present
moment is where work and play merge.

# Day3

**The most potent muse of all is our own inner child.**

가장 잠재력 있는 뮤즈는 우리 안에 있는 어린아이다.

potent
: 강한[강력한]
potential
: 가능성이 있는, 잠재적인
Environment is a potent influence on character.
: 환경은 성격에 강한 영향을 미친다.
He has the potential to become a world-class musician.
: 그는 세계적인 음악가가 될 잠재력이 있다.

# Day 4

To freely bloom -
that is my definition of success.

자유롭게 피어나기! 이것이 내가 내린 성공의 정의다.

**definition**
: (특히 사전에 나오는 단어나 구의) 정의

Do you pick up your dictionary and look for the definition?
: 사전을 펴서 정의를 찾아봅니까?

This led them to rethink the definition of a planet.
: 이것은 과학자들이 행성의 정의를 다시 생각하게끔 만들었다.

Click to add a new definition.
: 새 정의를 추가하려면 클릭하십시오.

나호마노비치_바이올린 연주

# Day5

노력 그 자체가 영감이 된다.

**inspiration**
: (특히 예술적 창조를 가능하게 하는) 영감

An inspiration burst upon the poet.
: 그 시인은 갑자기 영감이 떠올랐다.
The designer drew inspiration from the statue of liberty.
: 디자이너는 자유의 여신상에서부터 영감을 얻었다.
His book is a plentiful source of inspiration.
: 그의 책은 풍부한 영감의 원천이다.

**The efforts themselves become an inspiration.**

나흐마노비치_워크숍

## [28Week]
## 팝아트의 제왕, 앤디 워홀 <sup>Andy Warhol</sup>

20세기의 가장 영향력 있는 미술가 중 하나로 손꼽히는 앤디 워홀은 유명인을 아이콘화한 초상, 반복적인 상품 이미지 등 미국 문화의 속성을 논평한 작품들로 유명한 예술가이자 영화제작자입니다. 일반적이지 않은 연극적인 말투와 태도, 그리고 사치스러운 생활, 예술가였지만 사업가로서 성공에 대한 강한 욕망 등 실험적인 작품만큼이나 앤디 워홀이라는 인물 자체가 하나의 독특한 작품과 같았습니다. 그는 자신의 작업실이자 아지트였던 '팩토리'에서 엘리트부터 보헤미안까지 다양한 사람들과 어울렸는데, 이런 폭넓은 교류와 독특하고 이중적인 면모에서 그의 실험적인 작품들이 비롯될 수 있었겠지요. 그의 실험적인 작품들은 대중미술과 순수미술의 경계를 무너뜨리고 미술뿐 아니라 영화, 광고, 디자인 등 시각예술 전반에서 혁명적인 변화를 주도했다고 평가 받고 있습니다.

# Day1

공상 속의 사랑이 현실의 사랑보다 훨씬 좋다. 사랑하지 않는 것은 매우 자극적이다. 가장 자극적인 매력은 결코 만나지 않는 양극 간에 존재한다.

**attraction**
: 끌림, 매력을 느낌
tourist attraction
: 사람을 끌어당기는 것으로 여흥, 구경거리, 관광 대상
a tug of attraction
: 강한 매혹
attraction of gravity
: 중력
feel an attraction to
: ~에 매력을 느끼다.

Fantasy love is much better than reality love. Never doing it is very exciting. The most exciting attractions are between two opposites that never meet.

# Day 2

**An artist is somebody who produces things that people don't need to have.**

예술가는 사람들이 가질 필요가 없는 것들을
*생산하는 사람이다.*

**produce**
: (상품을 특히 대량으로) 생산하다
An onion will not produce a rose.
: 콩 심은 데 콩 나고, 팥 심은 데 팥 난다.

**product**
: (명사) 생산물, 상품, 제품
They're willing to pay more for a high-quality product.
: 제품의 품질이 좋으면 돈을 더 낼 용의도 있어요.

**production**
: (명사) (식품 · 상품 · 자재의, 특히 대량) 생산
The car went out of production.
: 그 승용차는 생산이 중단되었다.

**productive**
: (형용사) 결실 있는, 생산적인
My time spent in the library was very productive.
: 내가 도서관에서 보낸 시간은 아주 생산적이었다.

앤디 워홀의 뮤즈

# Day3

**Art is anything you can get away with.**

예술은 당신이 일상을 벗어날 수 있는 모든 것이다.

get away
: 떠나다, 빠져나가다, 휴가를 얻다
Don't think you're gonna get away with it?
: 그 일을 모면할 수 있을 것 같애?
Get away from me.
: 나한테서 떨어져.
I just want to get away from this city life.
: 난 이 도시 생활에서 벗어나고 싶어.

앤디 워홀의 생애

# Day4

나는 '일'에 대한 정의를 대단히 느슨하게 내리는 것 같다. 왜냐하면 살아있다는 것 자체가 늘 하고 싶지 않은 일에 공들이는 것이라고 생각하기 때문이다. 기계는 언제나 돌아가고 있다. 당신이 잠자는 동안에도.

interpretation
: 해석, 이해, 설명
It is up to interpretation.
: 그건 해석하기 나름이야.
is interpretation of the music was rather too literal.
: 그 곡에 대한 그의 해설은 좀 지나치게 평이하다.
I like your interpretation better than the one I was taught.
: 내가 배운 것보다 당신의 해석이 더 마음에 든다.

# Day5

사람들은 시간이 사물을 변화시 킨다고 하지만, 사실 당신 스스로 그것들을 변화시켜야 한다.

**actually**
**: 실제로, 정말로, 실지로**
비슷한 의미로 사용할 수 있는 단어로는 'really(정말로, 실제로), in fact(실제로, 사실은)' 등이 있습니다.
What did she actually say?
: 그녀가 정말 뭐라고 했니?
Unbelievably it actually works.
: 믿기 어렵게도 그것이 진짜 효과가 있다.

They always say time changes things, but you actually have to change them yourself.

# [29Week]
## 찰리 채플린 Charlie Chaplin

앙증맞은 콧수염, 몸에 딱 맞는 모닝코트. 누가 떠오르시나요? 바로 배우이자 감독, 제작자였던 찰리채플린의 트레이드 마크이지요. 그는 단순한 희극배우를 넘어 시대의 아이콘이었는데, 영화인 최초로 타임지를 장식하고, 영국 엘리자베스 여왕으로부터 작위를 받았다는 사실만 보아도 그 인기와 영향력이 어마어마 했음을 알 수 있습니다.

영화에서 그는 늘 웃음을 자아내는 희극 배우였지만, 사실 그의 삶은 비극에 더 가까웠습니다. 배우였던 부모님 사이에서 태어난 채플린은 부모님의 이혼으로 어머니와 함께 살았는데, 어머니가 후두염으로 목소리를 잃고 일을 하지 못하게 되자 극심한 가난에 시달렸습니다. 그나마 보호자였던 어머니는 정신병원에 드나드느라 아들을 돌봐줄 수 없었고, 채플린은 끼니를 걱정하며 빈민구호소에서 생활하기도 하는 등 고아나 다름없이 지내야 했지요. 다행이도 부모님께 물려받은 재능으로 여덟 살 때부터 극단에 들어가 무대에 서기 시작했고, 연기력을 인정받으며 결국 배우이자 감독으로 성공하게 됩니다. 하지만 성공한 후의 삶 또한 평탄하지만은 않았지요. 그는 자신의 영화에서 주연을 맡았던 여배우들과 세 번의 결혼을 하지만 모두 오래가지 못했습니다. 그 후 극작가 유진 오닐의 딸과 네 번째 결혼을 했고 남은 여생을 함께 했지요.

그래서 였을까요? 그의 영화에는 가난한 이들의 고달픈 일상과 소외된 이들의 비극적인 삶이 풍자적으로 녹아 있습니다. 그의 희극 연기를 보며 웃다 울게 되는 것은 바로 이 때문이겠지요.

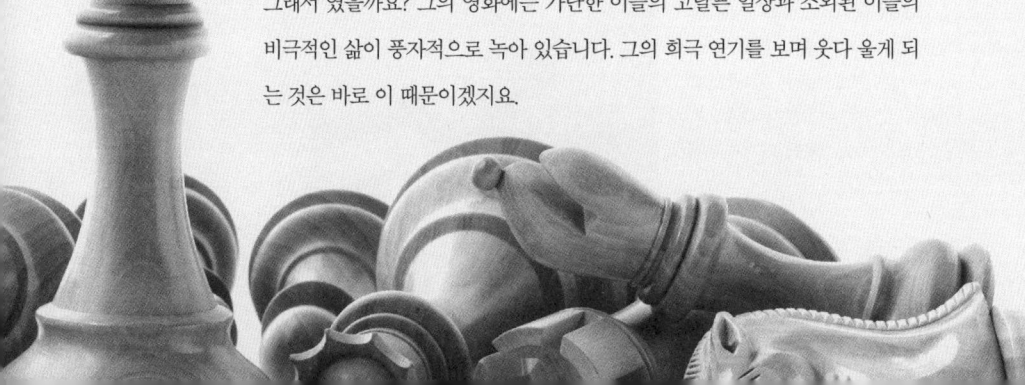

# Day1

**What do you want a meaning for?
Life is a desire, not a meaning.**

왜 굳이 의미를 찾으려 하는가?
인생은 욕망이지, 의미가 아니다.

**desire**
**: 욕구, 갈망**

소원, 소망, 희망의 의미인 경우, 비슷한 의미로 사용할 수 있는 단어로 'wish(소원, 소망, 희망), want(필요, 소용; 욕구)' 등이 있고, 강한 욕망, 갈망의 의미인 경우, 비슷한 의미로 사용할 수 있는 단어로 'lust(강한 욕망, 갈망), passion(열정, 격정)' 등이 있습니다.

찰리 채플린_위대한 독재자

# Day2

Life is a tragedy when seen in close-up, but a comedy in long-shot.

인생은 가까이서 보면 비극이지만 멀리서 보면 희극이다

**tragedy**
: 비극(적인 사건)
The death of their child is a heart-rending tragedy.
: 자식의 죽음은 그들에게는 가슴 터질 듯한 비극이었다.
Life is a tragedy full of joy.
: 인생은 기쁨으로 충만한 비극이다.
Such a tragedy.
: 정말 비극적이네요.

# Day 3

A day without laughter is a day wasted.

웃음 없는 하루는 낭비한 하루다.

**laughter**
: 웃음, 웃기

His words moved them to laughter.
: 그의 말은 그들을 웃게 만들었다.
Her house is always full of laughter.
: 그녀의 집에서는 언제나 웃음이 그치지 않는다.
His witty speech set the audience roaring with laughter.
: 그는 위트 있는 이야기로 청중을 크게 웃겼다.

찰리 채플린_모던 타임즈

# Day 4

I went into the business for the money, and the art grew out of it.
If people are disillusioned by that remark, I can't help it. It's the truth.

나는 돈을 벌기 위해 사업을 시작했고, 거기서 예술이 나왔다. 사람들이 이 말에 환멸을 느껴도 어쩔 수 없다. 진실이니까.

**disillusioned**
: 환멸을 느낀

I soon became disillusioned with the job.
: 나는 곧 그 직장에 환멸을 느끼게 되었다.

You are apt to become disillusioned as you grow old.
: 누구나 나이를 먹으면 환멸을 느끼기 쉽다.

She's disillusioned with life in general.
: 그녀는 전반적인 삶에 환멸을 느끼고 있어요.

# Day5

설명해야만 이해되는 아름다움은 받아들이기 힘들다. 창조자 이외에 다른 사람의 부연설명이 필요한 아름다움이라면, 아름다움이 본연의 목적을 충실히 수행했는가에 의문이 든다.

**fulfill**
: (의무 · 약속 · 직무 등을) 다하다, 이행하다, 수행하다

**fulfill one's duty**
: 맡은 직책을 성실히 수행하다

**fulfill an important mission**
: 중책을 완수하다

**fulfill one's promise**
: 약속을 지키다

**fulfill military duty**
: 국방의 의무를 다하다

**fulfill one's mission**
: 임무를 수행하다

I do not have much patience with a thing of beauty that must be explained to be understood.
If it does need additional interpretation by someone other than the creator, then I question whether it has fulfilled its purpose.

# [30Week]
## 하늘을 나는 작가, 생텍쥐페리 Saint Exupery

《어린 왕자》로 유명한 작가 생텍쥐페리의 원래 직업이 조종사였다는 사실을 아시나요? 그는 공군에 소집되어 전투비행단 제2연대 소속으로 스트라스부르에서 근무했는데, 처음에는 정비부대 소속이었지만 개인교습을 받은 후 조종사가 되었습니다. 제대 이후 사무원과 트럭 외판원 생활을 했고, 1926년 '르 나비르 다르장'지에 단편 '비행사'를 발표하면서 작가 생활을 시작합니다. 바로 그 해부터 1년 반 동안 항공사에 취업하여 사막지역을 오가는 조종사와 항공기지 착륙장 지점장으로 일하기도 했습니다. 바로 이 시기가 《인간의 대지》, 《어린 왕자》, 《성채》 등 그의 여러 작품에 큰 영향을 미쳤다고 하지요. 그래서 일까요? 생텍쥐페리는 글을 쓰면서도 끊임없이 하늘을 날고자 하는 욕망을 버리지 못했습니다. 한 번은 비행을 하다 리비아 사막에 불시착해 5일간 걸어가다가 극적으로 구조된 적도 있고, 또 한 번은 비행기 추락사고로 심각한 부상을 입기도 했지만 그의 비행은 계속되었습니다. 그리고 지중해의 한 여름, 맑고 뜨거운 태양이 내리쬐던 날 그는 정찰 비행을 하다가 예정 항로에서 벗어나고 맙니다. 결국 상공에서 피격을 당한 생텍쥐페리의 정찰기는 바다로 추락했고, 그는 그렇게 마흔 넷의 짧은 생을 마감합니다.

수많은 위험에도 불구하고 그는 왜 그렇게 하늘을 날고 싶어 했던 걸까요?

# Day1

내 비밀은 바로 이거야. 정말 간단해. 마음으로 볼 때만 진정으로 볼 수 있어. 가장 중요한 것은 눈에는 보이지 않거든.

essential
: 필수적인, 극히 중요한
essential goods
: 필수품
essential drug
: 필수 약품
essential to
: ~에 있어서 필수적인
essential for
: ~에 있어서 필수적인
essential qualities
: 본질

Here is my secret.
It is very simple:
one sees well only with the heart.
The essential is invisible to the eyes.

# Day 2

One runs the risk of weeping a little, if one allows himself to be tamed.

누군가에게 길들여진다는 것은 눈물을 흘릴 것을 각오하는 것이다.

**weep**
: 울다, 눈물을 흘리다
There was weeping and great mourning.
: 거기에는 울음과 큰 애도가 있었다.
She was weeping, sitting in the corner of the room.
: 그녀는 방 한구석에 앉아서 울고 있었다.
She was so overcome with grief she could do nothing but weep.
: 그녀는 슬픔을 가누지 못하고 울기만 했다.

# Day 3

사람의 생명을 구하는 것은 오직 한 걸음을 내딛는 것이다. 그리고 또 한 걸음. 항상 같은 걸음일지라도 내딛어야 한다.

take a step
: 걸음을 내딛다, 조치를 취하다
He took a step towards the door.
: 그가 문을 향해 걸음을 떼었다.
I took a step toward him.
: 나는 그에게 한 걸음 다가갔다.
I'll gladly take a step back.
: 나는 감사히 한걸음 물러설게.

What saves a man is to take a step.
Then another step.
It is always the same step,
but you have to take it.

# Day4

If you want to build a ship,
don't drum up the men to gather wood,
divide the work and give orders.
Instead, teach them to yearn
for the vast and endless sea.

당신이 배를 만들고 싶다면, 사람들에게 목재를 가져오게 하고 일을 지시하고 일감을 나눠주는 일을 하지 말라. 대신 그들에게 저 넓고 끝없는 바다에 대한 동경심을 키워줘라.

**vast**
: (범위·크기·양 등이) 어마어마한
the vast profound
: 망망대해
a vast deal
: 대단히, 상당히
have a vast appetite
: 식욕이 왕성하다
vast sums
: 거액

# Day5

언어는 오해의 근원이다.

misunderstanding
: 오해, 착오
resolve a misunderstanding
: 오해를 풀다
leave no misunderstanding
: 오해를 남기지 않다
by a gross misunderstanding
: 지나친 오해로 인해
cause misunderstanding
: 오해를 사다

**Language is the source of misunderstandings.**

생텍쥐페리_다큐

## [31Week]
### 드라마 역사에 새 지평을 열다, 다이앤 프롤로브 Diane Frolov

다이앤 프롤로브는 명미드라 불리는 〈소프라노스〉로 유명한 작가이자 프로듀서입니다. 그의 대표작 〈소프라노스〉는 1999년 첫 방송 이래 8년 간 6개 시즌으로 방송된 HBO의 인기 시리즈로, 갱스터 일가인 소프라노스 가의 일상을 다룬 블랙코미디입니다. 마피아 중간보스이자 한 아내의 남편, 두 아이의 아버지인 주인공을 둘러싼 가족과 조직의 배신, 그리고 애증으로 이루어지는 스토리는 단순한 마피아 액션물을 넘어 일종의 심리드라마로까지 평가되고 있습니다. 인기와 함께 작품성을 인정받아 에미상, 골든글로브상, 텔레비전비평가협회 최우수 드라마상 등 수많은 상을 받기도 했으며 2007년 에미상 시상식에서는 작품상, 감독상, 각본상을 휩쓸었습니다.

이런 명작을 써낸 작가답게 다이앤 프롤로브는 주옥같은 말들을 많이 남겼는데요. 그녀의 가장 유명한 명언은 '인생은 위험의 연속이다.'라는 말입니다. 많은 사람들이 이 한 문장만을 기억하지만, 사실 그 뒤에 이런 말이 더 붙는다고 합니다.

'정말 중요한 것을 위해 위험을 무릅쓸 각오가 없다면 당신은 죽은 거나 진배없다.'

지금 당신은 살아 있나요?

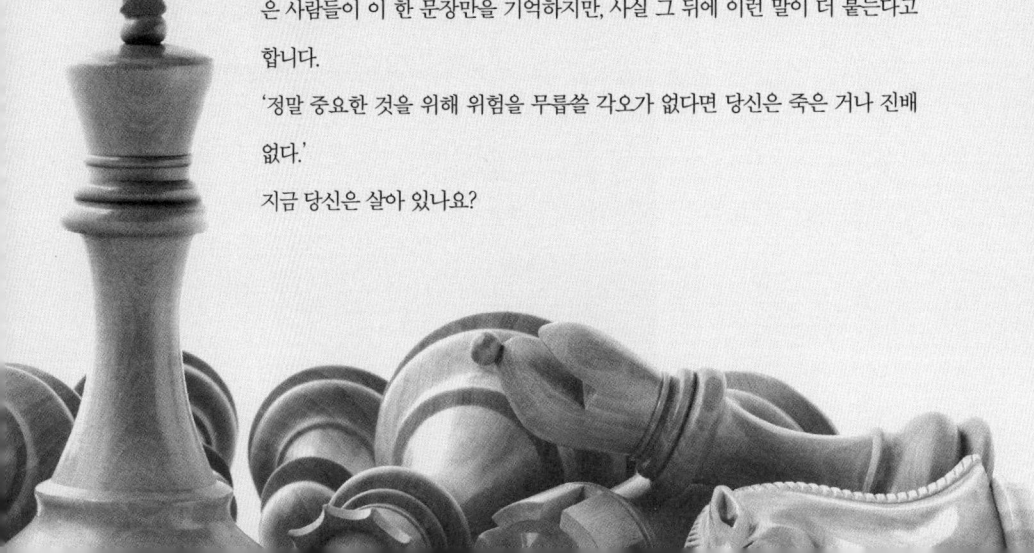

# Day1

내 삶에 중요한 것에 집중하겠어. 친절하고 배려를 잘 하고 따스한 사람이 되기 위해 노력할 거야. 죽음은 여기에 두고 누군가에게 화가 나기라도 할 때면 그때마다 돌아보고 기억하려고 해.

strive
: 분투하다
strive to be first
: 앞을 다투어 ~하다
strive hard
: 몹시 애쓰다
strive for fame
: 명성을 얻으려고 노력하다
strive for
: ~을 얻으려고 노력하다.

I am going to concentrate on what's important in life. I'm going to strive everyday to be a kind and generous and loving person. I'm going to keep death right here, so that anytime I even think about getting angry at you or anybody else, I'll see death and I'll remember.

# Day 2

But then there's a moment like tonight, a profound and transcendent experience, the feeling as if a door has opened, and it's all because of that instrument, that incredible, magical instrument.

그러다가도 오늘밤과 같은 순간이 있어서 심오하고 새로운 경험을 하게 되고 새로운 문이 열린 듯한 느낌을 받는데, 모두 저 악기, 저 놀랍고 마술 같은 악기 때문이다.

**profound**
: (영향·느낌·경험 등이) 엄청난
a profound book
: 심오한 책
profound insights
: 깊은 통찰
profound disability
: 극심한 장애
make a profound study
: ~을 깊이 연구하다

# Day 3

사람은 일을 마무리 하지 않고 이 땅을 떠나서는 안 된다. 매일을 비행 전 점검이라고 생각하며 살아야 한다. 매일 아침 스스로에게 이륙할 준비가 되었는지 물어야 한다.

**pre-flight**
: 비행 전의, 비행에 대비한
The astronauts encountered various setbacks and hardships before passing their pre-flight training checks.
: 이들은 비행 전 훈련 검사 과정에서 많은 좌절과 고난을 겪었다.

**lift-off**
: 이륙, (우주선의) 발사
The Shuttle Launch Experience mimics this lift-off.
: 이 전시관은 발사 순간을 흉내낸다.
We have lift-off.
: 우리는 이륙했다.

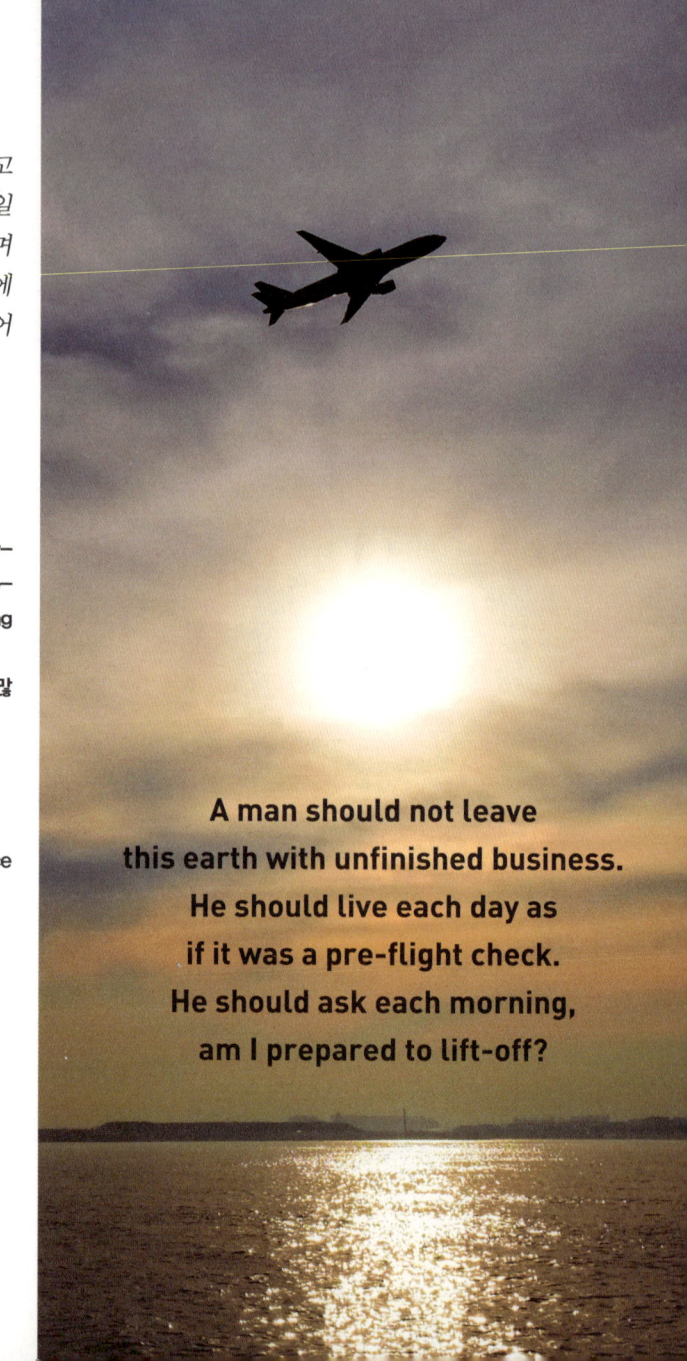

A man should not leave
this earth with unfinished business.
He should live each day as
if it was a pre-flight check.
He should ask each morning,
am I prepared to lift-off?

# Day4

Look in the mirror. The face that pins you with its double gaze reveals a chastening secret.

거울을 보라. 우리에게 두 개의 시선을 마련해 준 얼굴은 고통스런 비밀을 드러내고 있다.

chasten
: 잘못을 깨닫게 하다, 훈계하다
He felt chastened instantaneously and asked her pardon.
: 그는 즉각 잘못을 깨닫고 그녀의 용서를 구했다.
The defeat was a chastening experience for the Prime Minister.
: 그 패배는 총리에게 질책이 되는 경험이었다.
He felt suitably chastened and apologized.
: 나는 응당 잘못을 깨닫고 사과했다.

# Day5

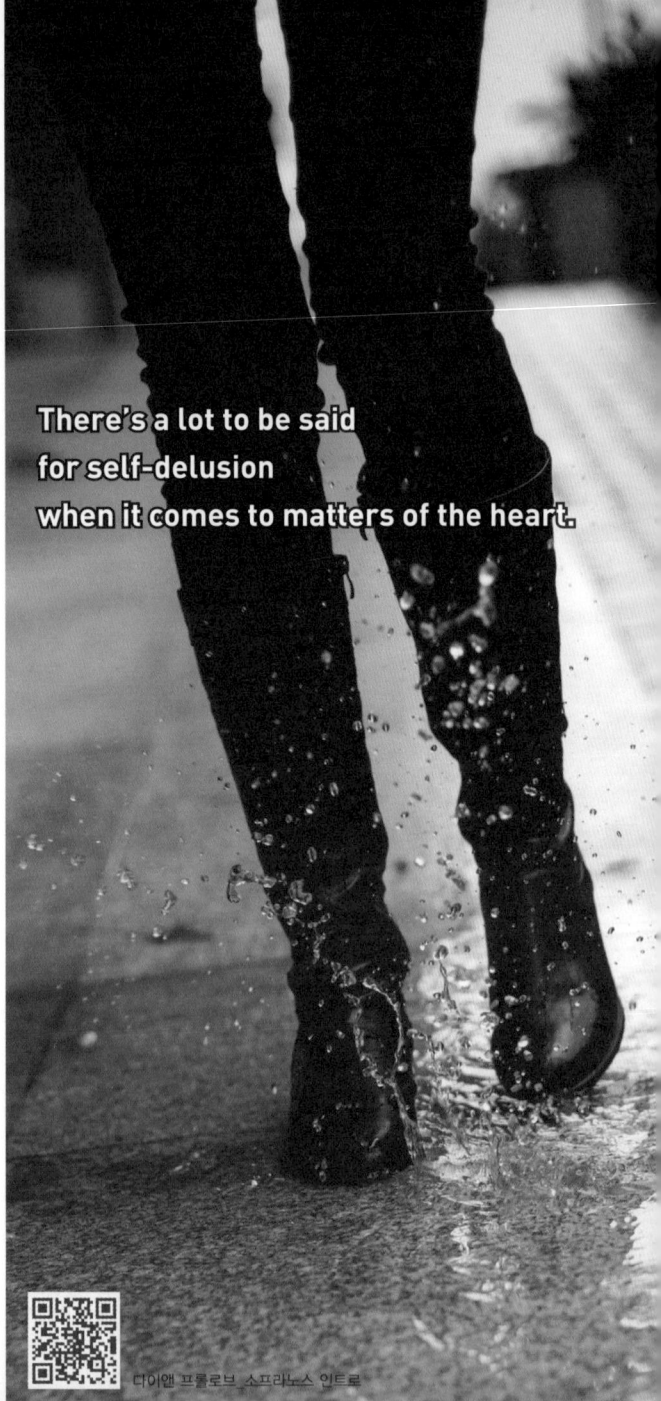

**There's a lot to be said for self-delusion when it comes to matters of the heart.**

마음에 대해 논할 때, 자기기만에 대해서는 할 말이 많다.

self-delusion
: 자기기만

Perhaps the most dangerous delusion is self delusion.
: 아마도 가장 위험한 기만은 자기기만일 것이다.

This boast alone shows deep economic ignorance, plus deep self delusion.
: 이런 자만은 경제적 무지와 더하여 자기기만을 보여줄 뿐이다.

With respect, that is self serving delusion.
: 대단히 죄송하지만, 그것은 이기적인 망상입니다.

다이앤 프롤로브 소프라노스 인트로

# [32Week]
## 사랑과 열정의 패션 디자이너,
## 가브리엘 코코 샤넬 Gabriel Coco Chanel

여성 패션의 혁명가 샤넬은 일찍 어머니를 여의고 아버지의 손에 이끌려 고아원에 맡겨져 18세에 물랭에서 학교를 졸업한 뒤 낮에는 보조양재사로, 밤에는 카바레 가수로 일했습니다. 그리고 가수로 일하던 도중 만난 젊은 장교 에티엔 발잔과 연인이 되고, 부유한 집안 출신이었던 발잔은 샤넬이 프랑스 상류 사회로 나가는 데 문을 터주었지요. 샤넬이 27세가 되었을 때, 발잔의 친구였던 영국인 폴로 선수 아서 카펠과 사랑에 빠졌고 용서해달라는 말을 남기고 둘은 함께 떠납니다. 그 뒤 샤넬은 파리에 여성용 모자 가게를 열었고, 그것이 시작이 되어 그녀는 패션디자이너로의 새로운 삶을 살게 됩니다. 일에 대한 그녀의 열정만큼이나 그녀의 사랑 또한 열정적이었습니다. 마흔 살의 샤넬은 영국의 대부호 웨스트민스터 공작과 사랑에 빠지기도 했고, 제 2차 세계대전 시기 57세였던 그녀는 13살 연하의 독일군 장교 슈파츠와 사랑에 빠지기도 했습니다.
이렇게 여러 차례 사랑에 빠졌고 주위에 늘 많은 사람들이 있었지만, 그녀는 늘 외로웠습니다. 그 외로움을 채우기 위해 그녀는 늘 일에 몰두했는데, 일하지 않는 일요일이 그녀에게는 가장 견디기 힘든 날이라고 했을 정도였지요. 그녀의 사랑과 외로움, 그리고 열정은 패션이라는 예술로 재탄생되었습니다. 어쩌면 우리의 약점이라고 여겨지는 것들이 우리의 예술성은 아닐 런지요?

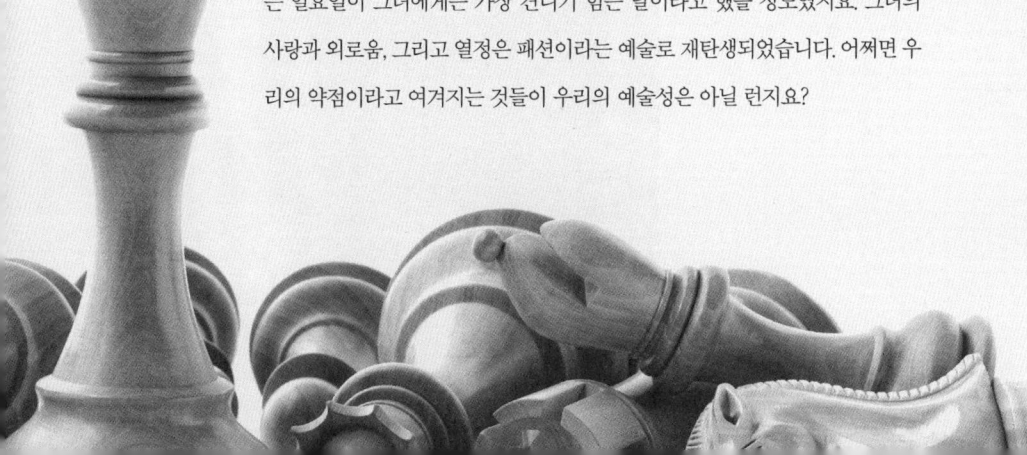

# Day1

어떤 사람들은 럭셔리란 빈곤의 반대말이라고 생각한다. 아니다. 럭셔리는 천박함의 반대말이다.

**vulgarity**
: 상스러움, 저속한, 천박한
excuse my vulgarity, but...
: 무례한 말씀입니다만...
Spitting in public is an instance of vulgarity.
: 대중 앞에서 침을 뱉는 것은 천한 일례이다.
It's his vulgarity that I can't take.
: 내가 참을 수 없는 것은 그의 상스러움이다.

Some people think
luxury is the opposite of poverty.
It is not.
It is the opposite of vulgarity.

# Day 2

Success is often achieved by those who don't know that failure is inevitable.

성공은 종종 실패가 불가피하다는 것을 모르는 사람들에 의해 달성된다.

**inevitable**
: 불가피한, 필연적인

She felt the inevitable closing in.
: 그녀는 피할 수 없는 운명이 다가오고 있음을 느꼈다.

He maintains that war is inevitable.
: 그는 전쟁이 불가피하다고 주장한다.

The inevitable has come.
: 오지 말아야 할 게 왔네요.

# Day 3

여자라면 두 가지를 갖춰야 한다.
품격 있고 매혹적일 것.

classy
: 고급의, 세련된
be classy
: 품격이 있다
a classy player
: 멋진 선수
a classy chassis
: 세련된 몸매

fabulous
: 기막히게 좋은, 멋진
The singer was fabulous and the concert hall was great, too.
: 그 가수는 정말 굉장했고 콘서트 홀도 아주 좋았다.
The women were fabulous, dressed in black from crown to toe.
: 그 여자들은 머리부터 발끝까지 검정으로 치장했는데, 최고였다.

A girl should be two things: classy and fabulous.

# Day4

사넬_의류와 보석의 만남

패션은 변하지만 스타일은 남는다.

**remain**
: (없어지지 않고) 남다, 여전히 ~이다
**remain in**
: (병·벌 따위로) 집에 있다
**remain on**
: (전등 따위가) 켜진 채로 있다
**remain up**
: (물가 따위가) 높은 (수준인) 채로 있다
**remain of**
: ~이 남다.
**remain off**
: (학교·직장 따위에) 가지 않고 있다

# Day5

우아함이란 거절이다.

refusal
: 거절, 거부

meet with refusal
: 퇴짜 맞다

with a flat refusal
: 일언지하에

a blanket refusal
: 전면 거부

a point-blank refusal
: 퉁명스런 거절

Elegance is refusal.

샤넬_인사이드 샤넬

# [33Week]
## 윌리엄 서머셋 모옴 <sup>William Somerset Maugham</sup>

소설 《달과 6펜스 The Moon and Sixpence》로 유명한 윌리엄 서머셋 모옴은 우리에게는 소설 작가로 더 익숙하지만 사실 그의 이름을 본격적으로 세상에 알린 것은 희곡이었습니다. 그가 쓴 희곡 4편이 런던의 극장들에서 동시 상연됨으로써 이름을 떨치게 되었지요.

모옴에 대한 일화 중 그의 재치와 필력을 알 수 있는 이야기가 있습니다. 그가 무명이었던 시절 책을 출간했는데 출판사에서 책이 잘 팔리지 않는다는 이유로 광고를 하지 않았다고 합니다. 그러자 모옴은 자비를 들여서라도 광고를 하기로 결심합니다. 하지만 형편이 넉넉지 못했기 때문에 어떻게 하면 적은 돈으로 효과적인 광고를 하기 위해 고심했고, 그는 이런 광고문을 신문에 실었다고 합니다.

마음 착하고 아름다운 여성을 찾습니다. 나는 스포츠와 음악을 좋아하고 성격이 좋은 젊은 백만장자입니다. 제가 바라는 여성은 최근에 나온 서머셋 모옴의 소설 주인공과 모든 점에서 닮은 여성입니다. 자신이 서머셋 모옴의 소설에 나오는 주인공과 닮았다고 생각하시는 분은 지체하지 마시고 즉시 연락해 주시기 바랍니다.

그가 작가로의 삶을 결심하는 데에는 스스로 재능에 대한 확신이 가장 큰 역할을 하지 않았을까 추측해보게 됩니다.

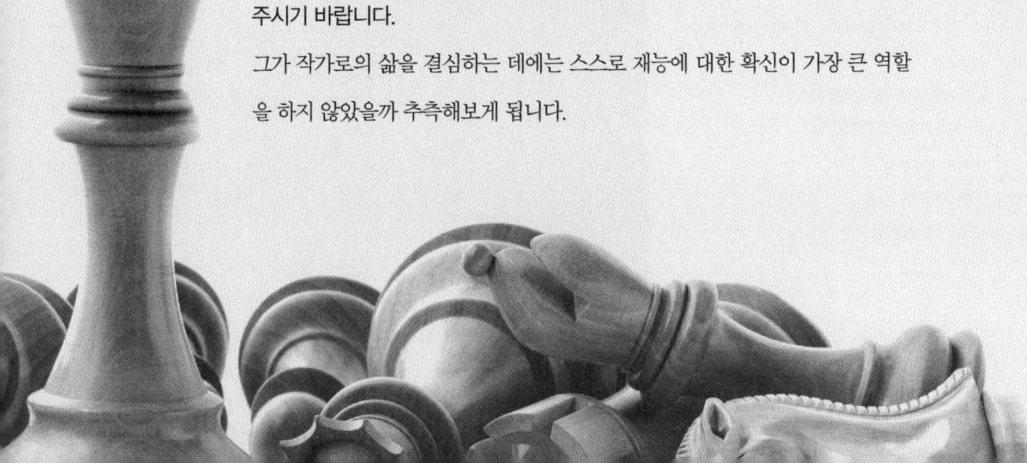

# Day 1

**Money is like a sixth sense without which you cannot make a complete use of the other five.**

돈이란 제 육감과 같아. 그게 없이는 다른 오감을 제대로 사용할 수가 없지.

without
: ~없이(~을 가지지 · 경험하지 · 보이지 않고)
do without (somebody/something)
: ~없이 견디다, 지내다
go without (something)
: (~이) 없이 견디다
without cost
: 무상으로
without asking
: 무단으로

# Day 2

현재뿐 아니라 미래까지 걱정한다면 인생은 살 가치가 없을 것이다.

**Life wouldn't be worth living if I worried over the future as well as the present.**

**worry over**
: ~에 대해 걱정하다
worry over trifles
: 쓸데없는 일로 걱정을 하다.
worry over the situation
: 시국을 걱정하다.
An educated man will sit up all night and worry over things a fool never dreamed of.
: 바보는 꿈도 안 꿀 것을 교육 받은 이는 밤새도록 앉아 걱정한다.

윌리엄 서머셋 모옴_달과 6펜스

# Day3

Do you call life a bad job?
Never! We've had our ups and downs,
we've had our struggles, we've always
been poor, but it's been worth it,
ay, worth it a hundred times I say
when I look round at my children.

인생이 힘들다고? 그렇지 않다! 우여곡절도 겪고 발버둥치기도 하며 항상 가난했지만 그럴만한 가치가 있었다. 내가 내 자식들을 둘러볼 때면, 아아! 인생은 백배쯤 더 그럴만한 가치가 있는 것이라 말하게 된다.

**struggle**
: 투쟁하다, 몸부림치다, 버둥거리다
**struggle in poverty**
: 가난에 허덕이다
**struggle with starvation**
: 기아에 허덕이다
**struggle against a disease**
: 병마와 싸우다
**in struggle**
: 싸움 중인

# Day 4

내가 책을 읽을 때 눈으로만 읽는 것 같지만 가끔씩 나에게 의미가 있는 대목, 어쩌면 한 구절만이라도 우연히 발견하면 책은 나의 일부가 된다.

**come across**
: ~을 우연히 발견하다
come across new cultures
: 새로운 문화를 접하다
come across one's mind
: 뇌리에 떠오르다
come across an old friend
: 옛 친구를 우연히 만나다.

When I read a book I seem to read it with my eyes only, but now and then I come across a passage, perhaps only a phrase, which has a meaning for me, and it becomes part of me.

# Day 5

It is an illusion that youth is happy,
an illusion of those who have lost it;
but the young know they are wretched
for they are full of the truthless ideal
which have been instilled into them,
and each time they come in contact with
the real, they are bruised and wounded.

젊음이 행복하다는 것은 그것을 잃은 사람들의 착각이다. 하지만 젊은이들은 자신이 자신에게 주입된 거짓된 이상으로 가득 차 있기에 괴롭다는 것을 알고 있다. 그리고 현실을 마주할 때마다 멍들고 상처 입는다.

illusion
: (특히 사람·상황에 대한) 오해, 착각

cause an optical illusion
: 착시 현상을 일으키다

an illusion about
: ~에 대한 환상

under an illusion
: 착각 속에, 잘못 생각해서

produce an illusion
: 환상을 만들어내다

## [34Week]
### 책을 사랑한 작가, 아나톨 프랑스 <sup>Anatole France</sup>

아나톨 프랑스는 1921년 노벨문학상을 수상한 프랑스의 대 문호이자 평론가입니다. 그의 삶은 책과 떼려야 뗄 수 없는 책으로 가득 차 있습니다. 고서점을 운영하던 아버지 밑에서 어린 시절을 보낸 그는 서점 점원, 출판사 편집자, 도서관 사서 등의 직업을 거쳐 소설가가 됩니다. 그는 책을 팔기도, 만들기도, 쓰기도 했지만 무엇보다 책을 사랑했습니다.

파리 센 강변의 고서 노점상은 파리의 명물로 손꼽히지요. 그 고서 노점상들이 20세기 초 도시계획으로 철거될 위기에 처합니다. 이 때 프랑스의 지식인들이 구명운동을 펼쳐 노점상을 살려냈는데요. 아나톨 프랑스는 평소 일주일에 한 번 씩은 꼭 그 노점상들이 있는 센 강변으로 산책을 나가서 가장 가난하고 늙은 고서상을 골라 절대 팔리지 않을 것 같은 책을 샀다고 합니다. 그리고는 그 책을 산책길에서 만나는 다른 고서상에게 나누어 주었다고 합니다. 그가 필요 없는 책을 계속 샀던 이유는 센 강변의 고서 노점상을 계속 보존하고 싶었기 때문이었지요. 사람들은 그렇게 책을 사랑하고 가난한 고서상을 배려하는 따뜻한 마음을 가졌던 작가를 위해 센 강변의 일부 구간에 '아나톨 프랑스 강변'이라는 이름을 붙였다고 합니다. 작가는 자신이 사랑하는 책과 함께한 삶이 얼마나 행복했을까요?

# Day1

An education isn't how much you have committed to memory, or even how much you know. It's being able to differentiate between what you do know and what you don't.

교육은 암기를 얼마나 열심히 했는지, 혹은 얼마나 많이 아는지가 아니다. 교육은 아는 것과 모르는 것을 구분할 줄 아는 능력이다.

differentiate
: 구별하다, 구분 짓다
Can you differentiate between the two?
: 그 둘의 차이점을 알겠느냐?
We should know how to differentiate good from bad.
: 우리는 선과 악을 구별할 줄 알아야 한다.
One way to differentiate is to make a cheaper product.
: 차별화된 제품을 만드는 한 가지 방법은 가격을 낮추는 것이다.

# Day2

사람은 무지의 대가를 치르지 않고서는 결코 행복할 수 없다.

**ignorance**
: 무지, 무식
**affect ignorance**
: 모르는 체하다
**blessed ignorance**
: 모르는 것이 약
**due to ignorance**
: 무식의 소치로
**assumed ignorance**
: 모르는 체함, 시치미 뗌

A person is never happy except at the price of some ignorance.

아나톨 프랑스의 모습

# Day3

인간은 일에서의 휴식을 다른 일을 시작하는 데서 찾을 수 있게 만들어졌다.

**relaxation**
: (즐거운 일을 하면서 취하는) 휴식
I go hill-walking for relaxation.
: 나는 휴식 삼아 구릉 지대를 걸으러 간다.
He plays the piano for a bit of relaxation.
: 그는 긴장을 풀기 위해 피아노를 친다.
Change of work of itself is a relaxation.
: 업무를 바꾸는 것은 그 자체가 한 기분전환이다.

**Man is so made that he can only find relaxation from one kind of labor by taking up another.**

# Day4

It is by acts and not by ideas that people live.

사람들은 생각이 아니라 행동에 의해서 살아간다.

**by**
: (특정한 명사 바로 앞에 쓰여 그것의 결과로 어떤 일이 있게 됨을 나타냄)~에 의해서
They met by chance.
: 그들은 우연히 만났다.
I did it by mistake.
: 나는 실수로 그것을 했다.
The coroner's verdict was 'death by misadventure'.
: 검시관의 의견은 '과실 치사'였다.

# Day5

위대한 성취를 하려면 행동하는 것뿐만 아니라, 꿈꾸는 것도 반드시 필요하다.

as well as
: ~뿐만 아니라
A healthy diet is important for children as well as adults.
: 건강한 영양 섭취는 어른뿐만 아니라 아이들에게도 중요하다.
The work requires brain as well as brawn.
: 그 일은 체력뿐 아니라 머리도 필요하다.
I could learn a lot from people as well as from books.
: 나는 책에서뿐만 아니라 사람들한테서도 많은 걸 배웠습니다.

**To accomplish great things, we must dream as well as act.**

# [35Week]
## 모든 것을 쏟아내다, 마르셀 프루스트 Marcel Proust

불우한 어린 시절을 보냈던 다수의 예술가들과는 달리 마르셀 프루스트는 유복한 집안에 의사인 아버지 밑에서 편안한 삶을 살 수 있었습니다. 집안 환경은 훌륭했지만 젊어서부터 천식 발작으로 고생했던 그는 35세가 될 때까지, 사교계의 살롱과 호화로운 레스토랑과 해변을 자유로이 오가며 생활했고, 호기심을 품은 것에 대해 끊임없이 질문하고, 하인들을 시켜서 자료를 모으며 한가로운 인생을 살아갑니다. 이후 병의 재발로 집 안에 틀어박혀 있을 수밖에 없어진 그는, 자신이 누렸던 화려한 과거를 재구성해 《잃어버린 시간을 찾아서》라는 총제(總題) 아래, 책을 써나갔습니다. 첫 번째 책인 《스완 댁 쪽으로》는 큰 주목을 받지 못했지만, 두 번째 책 《꽃핀 처녀들의 그늘에서》로 그는 공쿠르상을 받게 되며 이름을 알리게 됩니다. 하지만 그 뒤 겨우 두 권의 책만을 더 출판하고 죽음을 맞이합니다. 병에 시달리면서도 그는 글쓰기를 멈추지 않았는데, 어느 날은 빈사 상태에 빠져 허덕이고 있었다고 합니다. 그런데 갑자기 원고를 가져오라고 해서는 주인공 하나가 빈사 상태가 된 것이 묘사되어 있는 부분을 고치고는 "이제 나도 거의 같은 상태에 와 있다"라고 말했다고 합니다. 글쓰기에 대한 열정을 넘어 절실함까지 느껴지는 일화가 아닐 수 없지요. 짧은 집필 활동에도 불구하고 그의 작품이 불멸의 명작으로 많은 이들에게 읽혀지는 것은 바로 자신의 모든 것을 쏟아낸 열정이 있었기 때문이 아닐 런지요.

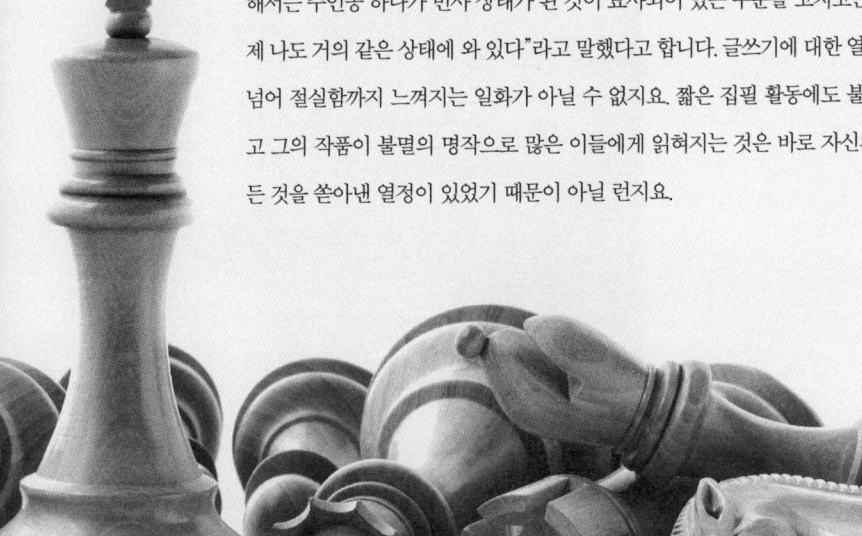

# Day1

지혜란 받는 것이 아니다. 우리는 그 누구도 대신해줄 수 없는 여행을 한 후, 스스로 지혜를 발견해야 한다.

spare
: (현재 쓰지 않아서) 남는
Can you spare some time today?
: 오늘 시간 좀 내어 줄 수 있어요?
I used to sleep in my spare moments.
: 짬이 나는 대로 잠을 잤다.
I like going to the movies in my spare time.
: 난 한가할 때 영화 보는 걸 좋아 해요.

We don't receive wisdom;
we must discover it for ourselves
after a journey that no one can
take for us or spare us.

*Day 2*

**Desire makes everything blossom; possession makes everything wither and fade.**

열망은 모든 것을 꽃피게 하지만 소유는 모든 것을 시들고 스러지게 한다.

**possession**
: 소유, 소지, 보유
be in the possession
: ~의 수중에 있다
take possession of
: 손아귀에 넣다

**wither**
: 시들다, 말라 죽다
wither into insignificance
: 쇠퇴하여 볼품없게 되다
wither a person with a look
: 한 번 노려보아 ~을 움츠러들게 하다
wither on the vine
: 미완으로 끝나다, 열매를 맺지 못하고 끝나다

# Day3

진정 무언가를 발견하는 여행은 새로운 풍경을 바라보는 것이 아니라 새로운 눈을 가지는 데 있다.

landscape
: 풍경(넓은 어느 지역, 특히 시골 지역에서 눈에 띄는 모든 요소를 통틀어 가리킴)

landscape gardener
: 정원사

a desolate landscape
: 삭막한 풍경

draw a landscape painting
: 풍경화를 그리다

**The real voyage of discovery consists not in seeking new landscapes but in having new eyes.**

# Day 4

Let us be grateful to people
who make us happy;
they are the charming gardners
who make our souls blossom.

우리를 행복하게 해주는 사람들에게 감사해야 한다. 그들은 우리의 영혼에 꽃이 피도록 가꾸어 주는 신비로운 정원사와 같기 때문이다.

**blossom**
: 꽃이 피다, 꽃을 피우다
**blossom into**
: ~으로 성장하다, ~이 되다
**in full blossom**
: (꽃이) 만발하여
**blossom time**
: 개화기(開花期)
**crash blossom**
: (신조어) 잘못 읽힐 여지가 있는 헤드라인

# Day5

사랑은 상호간의 고문이다.

**reciprocal**
: 상호간의
Of course, the process is reciprocal.
: 물론 그 과정은 상호적이다.
Unhappy, reciprocal love does not exist.
: 불행하게도 대등한 사랑은 존재하지 않는다.
WTO agreements are reciprocal and binding.
: WTO 협정은 상호적이고 법적구속력이 있습니다.

**Love is a reciprocal torture.**

마르셀 프루스트_잃어버린 시간을 찾아서

## [36Week]
### 세계적은 극작가, 윌리엄 셰익스피어 William Shakespeare

영국이 낳은 세계 최고의 극작가로 평가되는 셰익스피어를 모르는 사람은 없을 겁니다. 하지만 그에 대해 정확히, 자세히 알고 있는 사람은 드물지요. 오늘날 수많은 셰익스피어 전기를 일컬어 누군가는 '5퍼센트의 사실과 95퍼센트의 억측'이라고 말하기도 했는데, 그만큼 셰익스피어의 생애는 의문투성이입니다. 그의 정확한 출생일조차 알 수 없고 유년기에 대한 기록은 전무하지요. 그나마 확실한 것은 18세에 여덟 살 연상의 여인과 결혼해서 슬하에 세 자녀를 두었다는 것입니다. 하지만 이런 그의 미스터리한 생애가 셰익스피어가 실존인물인가 하는 논란까지 이어지지 못한 것은 누구도 부정할 수 없이 아름다운 그의 작품들이 있기 때문이겠지요.

그렇다면 셰익스피어가 한국에 알려진 것은 언제일까요? 개화기 초부터 셰익스피어가 소개되기 시작했지만 본격적으로 소개된 것은 1923년 현철에 의해 완역된 《햄릿》이 출판되면서 부터입니다. 하지만 1950년대에 들어와 세계문학출판이 활기를 띠면서부터 셰익스피어의 학문적 연구나 번역, 공연 등이 활발하게 이루어질 수 있었다고 합니다. 지금은 우리에게 너무나도 익숙한 작가와 작품이지만, 불과 6-70년 전에는 셰익스피어를 아는 한국인이 드물었다는 사실이 어색하면서도 재미있게 다가옵니다. 너무 익숙해서 아무 감흥이 오지 않았다면, 학교 수업 때문에 어쩔 수 없이 읽었었다면, 성인이 된 지금 좀 더 느긋하고 새로운 마음으로 셰익스피어의 희극을 읽어보는 건 어떨까요?

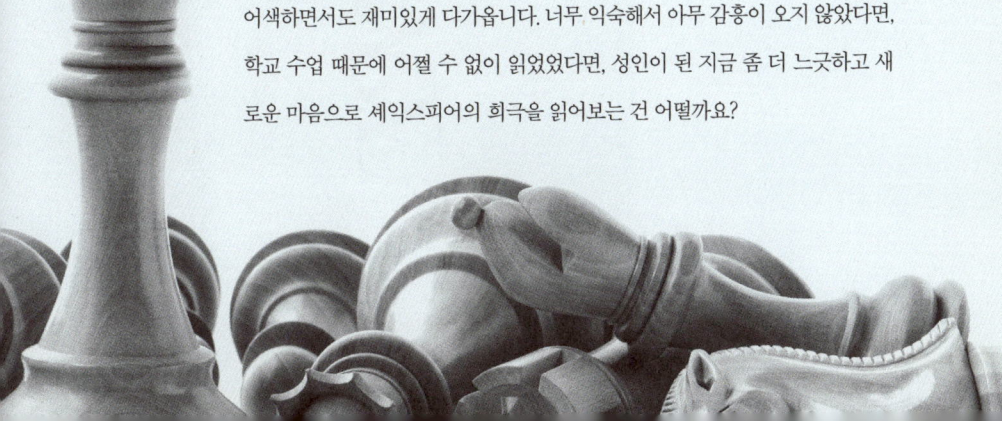

# Day1

강력한 이유는 강력한 행동을 낳는다.

strong
: 튼튼한, 강한, 힘센
strong-arm
: 강압적인, 완력을 쓰는
strong-willed
: 의지가 강한
strong-minded
: 심지가 굳은
feel strong
: 기운이 나다

**Strong reasons make strong actions.**

셰익스피어_다큐

# Day2

Every man has business and desire,
Such as it is.

사람은 누구나 주어진 일과 원하는 것이 있다, 비록 보잘것없을지라도.

such as it is
: 대단한 것은 못되지만
Of course you can stay for supper, such as it is.
: 변변치 않지만, 물론 저녁 식사 때까지 있어도 돼.
The food, such as it was, was served at nine o'clock.
: 음식이, 변변치는 않았지만, 9시에 제공되었다.
I have a home, such as it is.
: 변변치 않지만, 나는 집을 가지고 있다.

# Day 3

**Life is a tale told by an idiot -- full of sound and fury, signifying nothing.**

인생은 백치가 지껄이는 이야기와 같다. 시끄럽고 정신없으나 아무 뜻도 없다.

tale
: 이야기, 소설(상상력을 동원하여 만들어 낸, 특히 모험과 액션이 넘치는 이야기)
folk tale
: 설화, 전설
fairy tale
: 동화
tell its own tale
: (더 이상의 설명이 필요 없을 정도로) 분명히 보여주다

# Day 4

인생은 같은 얘기를 또 듣는 것과 같이 나른한 사람의 흐릿한 귀를 거슬리게 한다.

**vexing**
: 성가신, 귀찮은, 짜증나게 하는
In our childhood, we always got vexing questions.
: 유년 시절에 우리는 항상 성가신 질문들을 받는다.
There remains, however, another and more vexing problem.
: 그러나 또 하나 더 성가신 문제가 남아 있다.

**drowsy**
: 졸리는
The tablets may make you feel drowsy.
: 그 약은 사람을 졸리게 만들 수 있다.
Driving while drowsy can put you in a grave situation.
: 졸음운전은 당신을 심각한 상황으로 몰고 갈 수 있습니다.

# Day5

**The worst is not so long as we can say,
"This is the worst."**

지금이 제일 비참하다고 할 수 있는 동안은 아직 제일 비참한 게 아니다.

so long as
: ~하는 동안은, ~하는 한은, ~하기만 하면
so long as I live
: 내 눈에 흙이 들어가기 전에는
so long as they observe order
: 그들이 질서를 흐리지 않는 한
so long as one lives
: 목숨이 붙어 있는 한

셰익스피어_문화기행

# [37Week]
## 트레이 파커 Trey Parker

예술가들 중 많은 사람들이 동시에 여러 직업을 갖고 여러 분야에서 재능을 드러내는 것을 볼 수 있습니다. 트레이 파커 역시 그런 예술가 중 한 명으로 미국의 만화영화 제작가이자 시나리오 작가, 영화 감독, 성우, 배우, 음악가입니다. 학창시절 학년에서 가장 웃기는 사람으로 뽑히기도 했던 그는 대학 시절 단편 만화영화를 제작해 학생 아카데미상을 수상하게 되었고 그것을 본 폭스TV의 브라이언 고든에 의해 재능이 발탁되었습니다. 고든은 파커에게 5분여의 크리스마스 영상을 만들어보게 했는데, 이 만화가 화제가 되었고 파커는 그것을 기반으로 한 만화영화를 만들 기회를 얻게 됩니다. 그렇게 완성된 〈사우스 파크〉는 코미디 센트럴 역사상 가장 높은 시청률을 자랑하며 큰 성공을 거둡니다. 그가 만든 영화는 아카데미상 후보에 오르기도 했고 에미상을 수상하는 영광을 누리기도 했습니다.

평범한 학생에서 저명한 만화영화 제작자로 그의 인생을 바꾸어 놓은 것은 하고 싶은 일이 떠올랐을 때 무작정 그것을 했던 대담함과 실행력이었습니다. 생각만 하고 있는 다고 삶이 바뀌진 않습니다. 조그마한 것이라고 일단 시작해보는 것이 중요합니다.

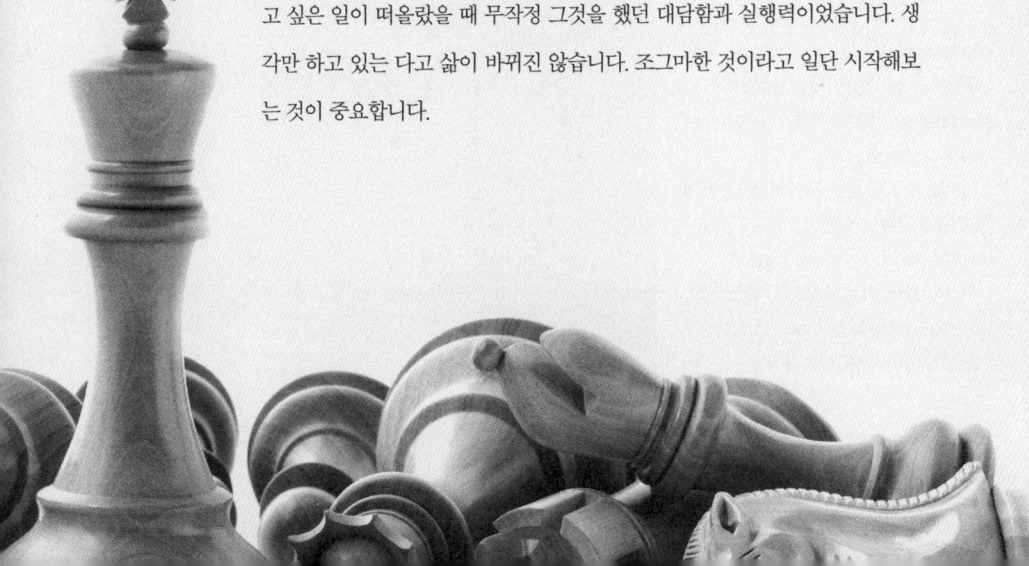

# Day 1

I think people that have a brother or sister don't realize how lucky they are. Sure, they fight a lot, but to know that there's always somebody there, somebody that's family.

형제자매가 있는 사람은 자신이 얼마나 운이 좋은지 몰라. 물론 많이 싸우겠지, 하지만 항상 누군가 곁에 있잖아, 가족이라 부를 수 있는 존재가 곁에 있잖아.

realize
: 깨닫다, 알아차리다, 인식하다
Most people realize only a small part of their potential.
: 대부분의 사람들은 자신의 잠재 능력의 일부분만을 인식한다.
I didn't realize how late it was.
: 시간이 벌써 이렇게 됐는지 몰랐어요.
Do you realize how much that cost?
: 돈이 얼마나 들었는지 알아?

# Day2

Love isn't a decision. It's a feeling.
If we could decide who we loved,
it would be much simpler,
but much less magical.

사랑은 결정이 아니다. 사랑은 감정이다. 누구를 사랑할지 결정할 수 있다면 훨씬 더 간단하겠지만 마법처럼 느껴지지는 않을 것이다.

magical
: 마력이 있는, 마술적인
Many people believe that they have magical powers!
: 많은 사람들은 그들이 마력을 지녔다고 믿습니다.
Its effect was magical.
: 그 효과는 마술과도 같았어요.
I think music has magical powers.
: 저는 음악이 마법 같은 힘을 지녔다고 생각합니다.

# Day3

가족이란 네가 누구 핏줄이냐가 아니야. 네가 누구를 사랑하느냐는 거야.

**care about**
: ~에 마음을 쓰다, ~에 관심을 가지다
I don't care about her at all.
: 난 그녀에게 아무 관심도 없어.
Don't care about me. I'll be fine.
: 내 걱정하지 마. 괜찮아 질 거야.
Don't care about that tale of nought.
: 그 시시한 일을 신경 쓰지 마라.

Family isn't about whose blood you have. It's about who you care about.

트레이 파커_인터뷰

# Day4

I just realized that there's going to be a lot of painful times in life, so I better learn to deal with it the right way.

삶에는 고통스러운 시기가 많으므로 제대로 그 시기를 견뎌내는 법을 더 잘 배워야 한다는 것을 알았다.

**deal with**
: ~을 다루다
The kid is hard to deal with.
: 그 아이는 다루기 힘들다.
Deal with him as you think fit.
: 적당한 처분을 바랍니다.
How do you deal with homesickness?
: 고향에 대한 향수를 어떻게 달래십니까?

# Day5

I've learned that all a person has
in life is family and friends.
If you lose those, you have nothing,
so friends are to be treasured more than
anything else in the world.

인생에서 인간이 가질 수 있는 모든 것은 가족과 친구라는 것을 알게 되었다. 이들을 잃게 되면 당신에겐 아무것도 남지 않는다. 따라서 친구를 세상 그 어떤 것 보다 더 소중하게 여겨야 한다.

treasure
: 보물
treasure hunt
: 보물찾기
treasure house
: 보물창고
buried treasure
: 땅에 묻혀 있는 보물
cultural treasure
: 문화재

# [38Week]
## 크리스토퍼 몰리 Christopher Morley

미국의 소설가이자 저널리스트인 크리스토퍼 몰리는 옥스퍼드 뉴칼리지 대학에서 재학 중이던 1912년에 시집 《제8의 죄》를 출간하며 문단에 데뷔했습니다. 이후 혼외 임신과 낙태 문제를 다룬 《키티 포일(KITTY FOYLE)》로 문단을 뜨겁게 달구기도 했는데, 이 책은 베스트셀러로 큰 인기를 끌었고 후에 영화화되기도 합니다. 그밖에도 숱한 장편 및 단편 소설과 시를 발표했고, 《토요 문학 리뷰》를 공동 창간하여 1940년까지 이끌었고, 《뉴욕 이브닝포스트》 등에 박식과 기지 넘치는 글을 기고하여 수많은 독자들의 사랑을 받습니다.

재미있는 사실은, 몰리가 역사상 가장 오래된 셜로키언(《셜록 홈즈》 시리즈의 팬을 일컫는 말) 모임을 시작한 인물이라는 겁니다. 홈즈의 열혈 팬이었던 그는 잡지 속 자신의 코너였던 '볼링 그린'을 홈즈에 대한 의견을 교환하는 난으로 만들었고, 이후 베이커가 특공대라는 모임을 결성합니다. 이 모임은 홈즈 연구에 공적이 있는 사람들 중 추천을 받는 식으로 회원을 받는데, 놀랍게도 그 회원에 루스벨트 전 대통령, 트루먼 전 대통령, 작가 엘러리 퀸 등 유명인들이 대거 포함되어 있습니다. 몰리가 셜록 홈즈 책을 도서관에서 빌려 집까지 가는 동안 딱 한 문단씩만 더 읽어야지 하는 생각으로 가로등이 보일 때마다 멈춰 섰다는 일화는 그가 얼마나 셜록에 빠져 있었는지를 보여줍니다.

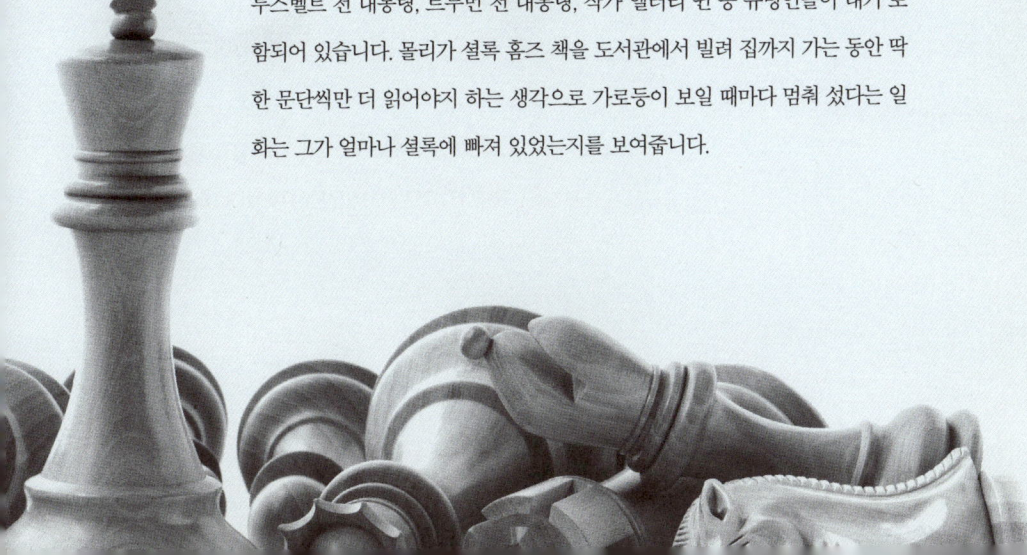

# Day1

인생은 외국어이다. 모든 사람이 그것을 잘못 발음한다.

mispronounce
: 잘못 발음하다

People always mispronounce my name.
: 사람들은 항상 내 이름을 잘못 발음한다.
Did I mispronounce that word?
: 그 단어를 잘못 발음했나요?
I'm sure I'm mispronouncing it.
: 제가 잘못 발음한 것 같아요.

**Life is a foreign language; all men mispronounce it.**

# Day 2

**Cherish all your happy moments:
they make a fine cushion for old age.**

모든 행복한 순간을 소중히 간직하라: 노후에 훌륭한 대비책이 된다.

**cherish**
: 소중히 여기다, 아끼다
Let's cherish our valuable cultural properties, everyone.
: 여러분, 우리의 가치 있는 문화재를 소중히 여깁시다.
That's why my family members cherish me.
: 이것이 나의 가족 구성원들이 나를 소중히 여기는 이유이다.
This is the book I cherish the most.
: 이건 내가 제일 아끼는 책이다.

# Day 3

**There is only one success -
to be able to spend your life
in your own way.**

오직 한 가지 성공이 있을 뿐이다. 바로 자기 자신만의 방식으로 삶을 살아갈 수 있느냐이다.

be able to do
: ~할 수 있다

They won't be able to do anything about it.
: 그 문제에 대한 뾰족한 묘안은 없을 거야.

Will you be able to pick me up after work tonight?
: 오늘 저녁 퇴근 후에 나를 데리러 올 수 있어요?

He won't be able to attend today's meeting.
: 그는 오늘 회의에 참석할 수 없습니다.

# Day4

There is no mistaking a real book when one meets it.
It is like falling in love.

진정한 책을 만났을 때는 틀림이 없다. 그것은 사랑에 빠지는 것과도 같다.

There is no mistaking
: 틀릴 리가 없다, 틀림 없다
There is no mistake about his words.
: 그의 말은 틀림없다.
Make sure there is no mistake.
: 실수가 없는 지 확인해라.
There is no mistake about it.
: 그것은 틀림없다.

# Day 5

큰 성공은 작은 성공을 거듭한 결과이다.

keep ~ing
: 계속 ~하다

If you do, keep doing it!
: 만약 여러분이 그렇다면, 계속 그렇게 하세요.

I will get mad at you if you keep doing this!
: 계속 이러면 화낼 거야!

I can't believe they keep doing this.
: 그들이 계속 이걸 하고 있다는 걸 믿을 수 없다.

**Big shots are only little shots who keep shooting.**

## [39Week]
### 로맨스 소설의 대가, 제인 오스틴 Jane Austen

담담한 필체로 은근한 유머를 담아낸 로맨스 소설의 대가로 평가받는 영국의 작가 제인 오스틴. 그녀의 대표작인《오만과 편견》,《이성과 감성》,《엠마》등을 통해 작가의 세밀한 관찰력과 비판적인 시선으로 당대의 물질주의 풍자와 도덕의식을 엿볼 수 있습니다. 예를 들어,《오만과 편견》에서 재산이 많은 젊은 남자와 사랑 없는 결혼을 하고 싶지 않은 여자의 로맨스를 통해 사랑보다 돈이 우선되는 시대를 풍자하고 사랑이라는 고결한 가치를 드러내는 것처럼 말입니다.
로맨스 소설의 대가라 불리지만 아이러니하게도 제인 오스틴은 평생 독신으로 살았다고 합니다. 스물한 살이 되던 해 크리스마스에 제인 오스틴은 무도회장에서 법학생 톰 러프로이를 만나 사랑에 빠지게 되었는데, 당시 언니에게 보낸 편지를 통해 그 사랑이 얼마나 절절했는지를 알 수 있습니다. 하지만 결혼 지참금이 없다는 이유로 톰 집안의 반대에 부딪혔고, 그 후 여러 번의 청혼을 받았지만 그녀는 독신을 선택했지요. 톰과 헤어진 1년 뒤 완성된 책이《오만과 편견》이라고 하니, 그녀가 추구했던 진실된 사랑을 비록 현실에서는 이루지 못했지만 작품을 통해 이루어낸 것이라 할 수 있을 것 같습니다.
그녀의 작품들은 현대의 우리에게도 끊임없이 물음을 던집니다. 과연 사랑이란 무엇인지. 그리고 여성에게 결혼이란 또 무엇인지.

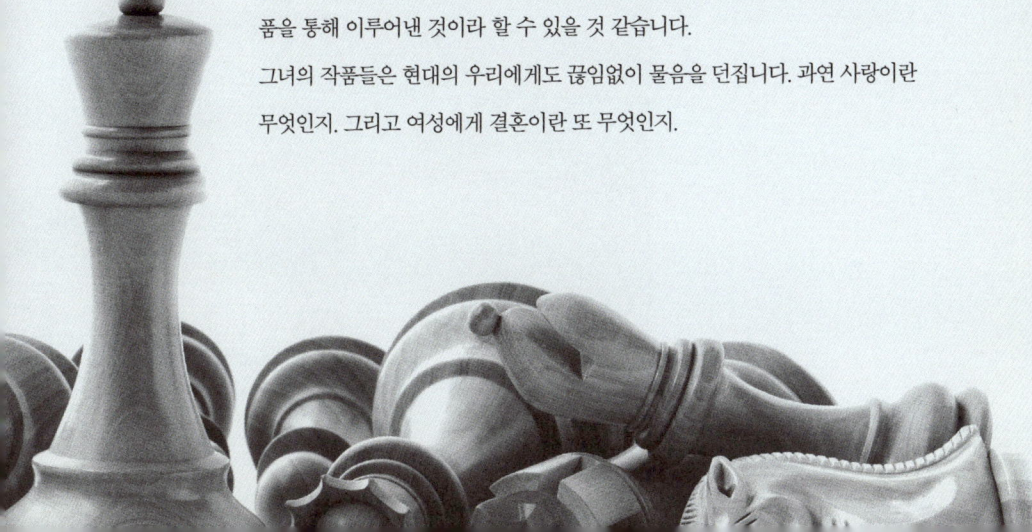

# Day1

오! 당신의 시계를 근거로 나를 비난하지 말아요. 시계는 항상 너무 빠르거나 너무 늦지요. 시계에 휘둘릴 수는 없어요.

**dictate**
: (기분 나쁘게) 지시하다

It does not belong to me to dictate to my colleagues.
: 동료에게 지시하는 것은 나의 권한이 아니다.

They are in no position to dictate terms.
: 그들은 남에게 지시를 할 위치에 있지 않다.

Why don't you dictate something to me?
: 나한테 뭔가 지시하는 게 어때?

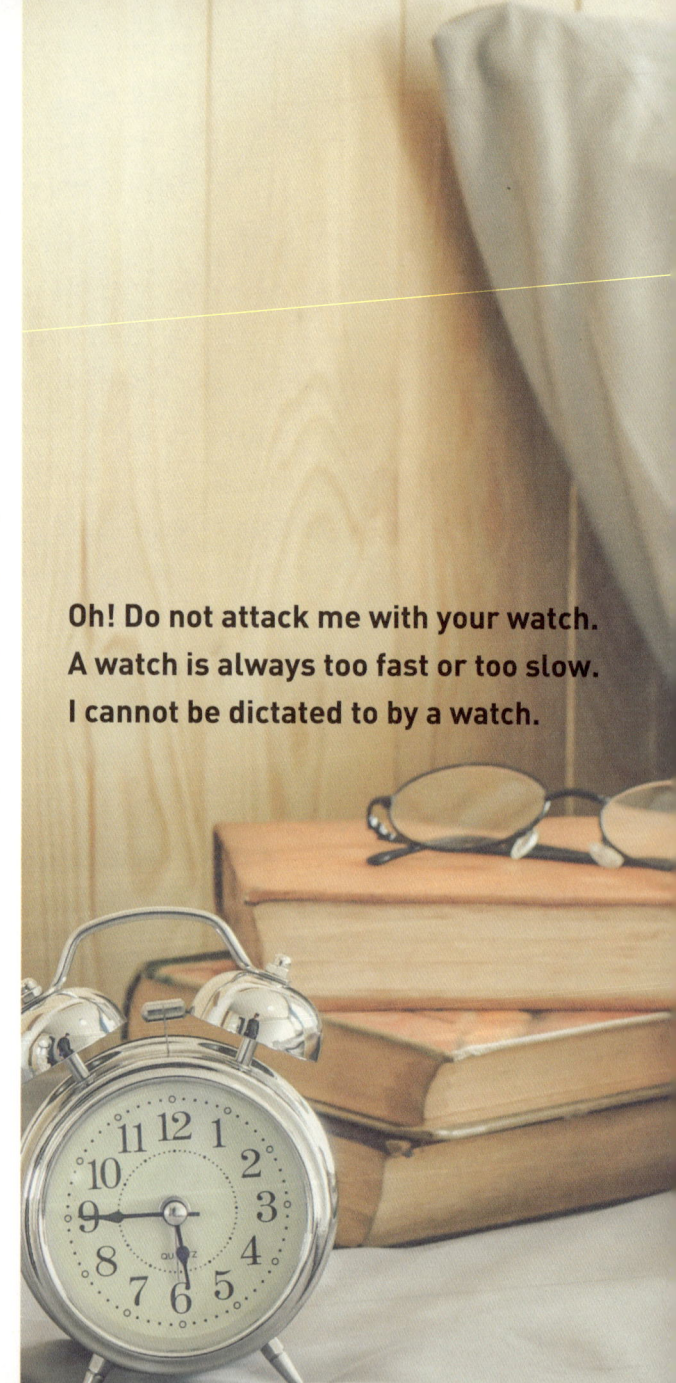

**Oh! Do not attack me with your watch.
A watch is always too fast or too slow.
I cannot be dictated to by a watch.**

# Day2

**Nothing amuses me more than the easy manner with which everybody settles the abundance of those who have a great deal less than themselves.**

자신이 많이 가지고 있다고 해서 자신보다 훨씬 덜 가진 사람들에 대해 쉽게 말해 버리는 사람들보다 더 우스꽝스러운 것은 없어.

abundance
: 풍부
This dictionary has an abundance of examples.
: 이 사전은 예문이 풍부하다
Alternatives and abundance are things that scare you.
: 대안들과 풍요는 당신을 무섭게 만드는 것들이다.
For one brief season of abundance life flourishes.
: 풍요로운 짧은 한 절기동안 삶은 번영한다.

# Day3

If any one faculty of our nature may be called more wonderful than the rest, I do think it is memory.

만약 인간의 능력 중에서 다른 어떤 것보다 더 경이롭다고 할 만한 것이 있다면, 그것은 바로 기억이다.

faculty
: (사람이 타고나는 신체적·정신적) 능력

the faculty of sight
: 시력

volitive faculty
: 의지력

the faculty of memory
: 기억력

a faculty for
: ~의 재능

# Day4

사랑에 대한 여자의 열정은 전기 작가의 열정을 훨씬 뛰어넘는다.

**beyond**
: ~이상, 그 너머에
**go beyond something**
: ~을 초과하다
**beyond price**
: 값을 따질 수 없는
**beyond the pale**
: 도리를 벗어난

The enthusiasm of
a woman's love is even beyond
the biographer's.

제인 오스틴_세계문학기행

# Day5

**Friendship is certainly the finest balm for the pangs of disappointed love.**

우정은 실연의 상처를 치유하는 최고의 치료제다.

pang
: 갑자기 격렬하게 일어나는 육체적 · 정신적 고통 · 아픔
She felt a pang of fear when she saw a ghost.
: 유령을 보았을 때 그녀는 극심한 공포를 느꼈다.
She felt a pang of envy at the thought of his success.
: 그녀는 그의 성공을 생각하자 가슴이 아릴 정도로 부러웠다.

제인 오스틴, 오만과 편견을 읽다

# [40Week]
## 헨리 루이스 멩켄 H. L. Mencken

미국의 문예 비평가로 《아메리칸 머큐리》지를 창간했으며 미국 문화 전반에 대해 준엄하게 비판하는 한편 미국 문학의 독립을 주장해 신흥 문학 육성에 커다란 구실을 했다고 평가받고 있습니다. 미국 볼티모어 지역 신문기자로 출발해 언론인으로선 최초로 뉴스위크 표지모델이 될 만큼 미국인의 사랑을 받은 그는 스스로를 보수주의자라고 자처하면서도 미국 주류 사회의 시대착오적 보수 풍조에 날카로운 일침을 가하고 진보주의자들의 유아적 망상에 거침없이 야유를 퍼부은 것으로 유명합니다.

한 번은 월트 휘트먼이란 하급 공무원이 시집 《풀잎》을 출간했는데, 그 시집이 외설적이란 이유로 해고당하는 사건이 있었습니다. 이에 대해 멩켄은 내무장관 제임스 핼런을 언급하며 "1865년 어느 날 미국이 낳은 가장 위대한 시인과 최악의 꼴통을 한 장소에 있게 해준 하나님께 감사드리자."며 거침없는 발언을 했다고 합니다. 아마 이런 그의 대쪽 같은 직언이 그를 미국이 사랑하는 언론인이 되게 했던 거겠지요.

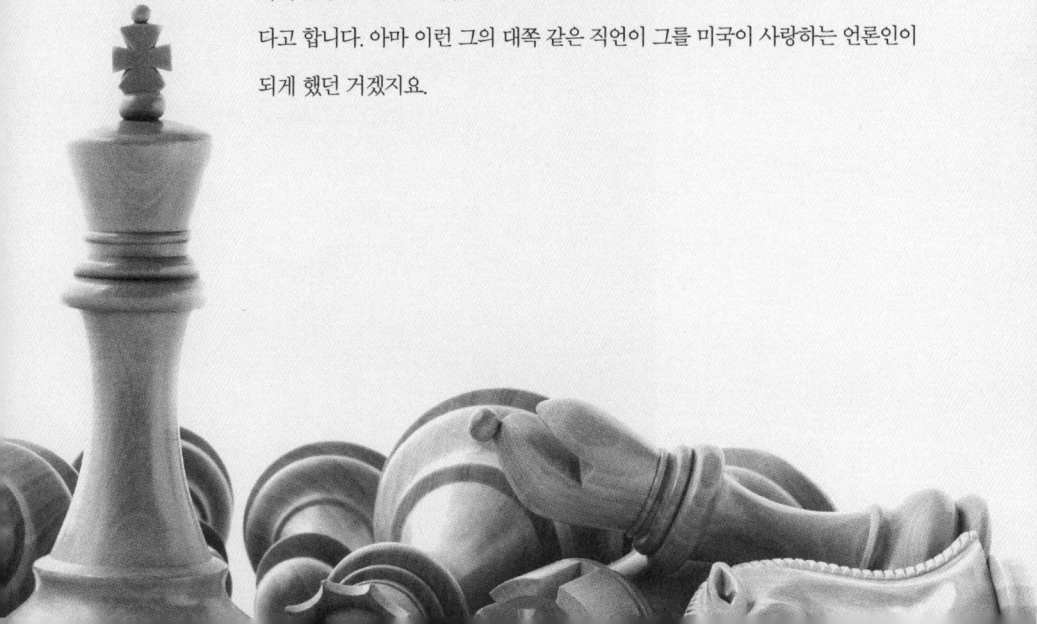

# Day1

당구나 골프를 잘하는 괴테나 베토벤을 상상하는 것은 불가능하다.

**be good at**
: ~에 능숙하다
You should be good at math to study computers.
: 컴퓨터를 배우려면 수학을 잘 해야 돼요.
He must be good at making decisions.
: 그는 결정을 잘 해야 한다.
You need manual dexterity to be good at video games.
: 비디오 게임을 잘 하려면 손재주가 있어야 한다.

**It is impossible to imagine Goethe or Beethoven being good at billiards or golf.**

# Day2

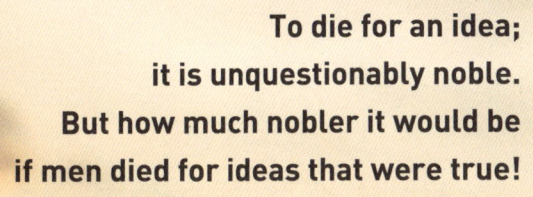

To die for an idea;
it is unquestionably noble.
But how much nobler it would be
if men died for ideas that were true!

하나의 사상을 위해 목숨을 바치는 것, 이는 물론 숭고한 일이다. 그러나 진실된 사상을 위해 목숨을 바친다면 얼마나 더 숭고할까

unquestionably
: 의심할 나위 없이, 분명히
The real facts of the case became unquestionably clear.
: 사건의 진상이 확연히 밝혀졌다.
This is unquestionably his handwriting.
: 이것은 분명히 그의 필적이다
He is unquestionably one of the world's leaders in the field of ornithology.
: 의문의 여지없이 그는 조류학 분야에서는 세계적인 권위자들 중 하나이다.

# Day3

The difference between
a moral man and a man of honor is
that the latter regrets a
discreditable act,
even when it has worked and
he has not been caught.

도덕적 인간과 명예로운 인간의 차이는 이렇다. 설령 수치스런 행동을 들키지 않아도 이를 후회하는 쪽은 후자다.

iscreditable
: 신임할 수 없는, 불명예스러운
It is not in any way discreditable.
: 어찌 보면 남 부끄러운 것은 아니다.
This government has a long and discreditable history of botching major computer projects.
: 정부는 주요 컴퓨터 프로젝트들을 망친 길고 불명예스러운 역사를 가지고 있다.
It means nothing nationally calami-tous or discreditable.
: 그것은 국민으로서 불행한 것도 불명예스런 것도 아니다.

# Day4

사랑은 지성에 대한 상상력의 승리다.

triumph
: 업적, 승리, 대성공
in triumph
: 대승을 거두어, 의기 양양하여
a shout of triumph
: 환희에 찬 함성
a perfect triumph
: 완전한 승리
be carried away in triumph
: 승리감에 도취되다

Love is the triumph of imagination over intelligence.

헨리 루이스 멩켄_인터뷰

# Day5

돈의 최고 가치는 바로 우리가 돈의 가치가 과대평가된 세상에서 살고 있다는 사실에 있다.

overestimate
: 과대평가하다
overestimated value
: 과대평가된 값
overestimate one's own ability
: 자기의 힘을 과신하다
overestimate a person's talent
: 과대평가하다

The chief value of money lies in the fact that one lives in a world in which it is overestimated.

## [41Week]
## 신비로운 베일 속 깊은 감수성, 에밀리 디킨슨 Emily Dickinson

19세기와 20세기를 이은 감수성이라 평가 받는 작가 에밀리 디킨슨는 은둔생활을 하며 흰옷만 입고 2층의 자기 방에서 시를 써서 '뉴잉글랜드의 수녀'라는 별명을 얻기도 했습니다. 그녀는 매일 한 편의 시를 썼는데 살아있을 동안 겨우 7편의 시만을, 그것도 익명으로 발표했습니다. 두 번의 사랑을 했지만 다 이루어지지 못했고 그것은 그녀를 점점 더 은둔 생활에 빠져들게 만들었습니다. 그녀가 쓴 시 1775편은 8권의 시집으로 묶여 출판되었는데 시대를 앞선 나머지 20세기에 와서야 제대로 평가받을 수 있었습니다. 끝까지 무명이길 고집했던 그녀였지만, 뛰어난 문학성이 그녀를 위대한 시인이라는 이름으로 역사에 기록시켰습니다. 그녀의 은둔생활을 무엇으로 설명할 수 있을까요? 아마도 그녀의 시가 그 대답일 테지요.

전 무명인입니다! 당신은 누구인가요?
당신도 무명인인가요?
그럼 우린 같은 처지인가요?
입 다물고 있어요, 사람들이 소문낼지 모르니까 ― 아시다시피.
정말 끔찍해요, 유명인이 된다는 건
정말 요란해요, 개구리처럼
긴긴 6월에 존경심 가득한 늪을 향해
개골개골 제 이름 외쳐대니.

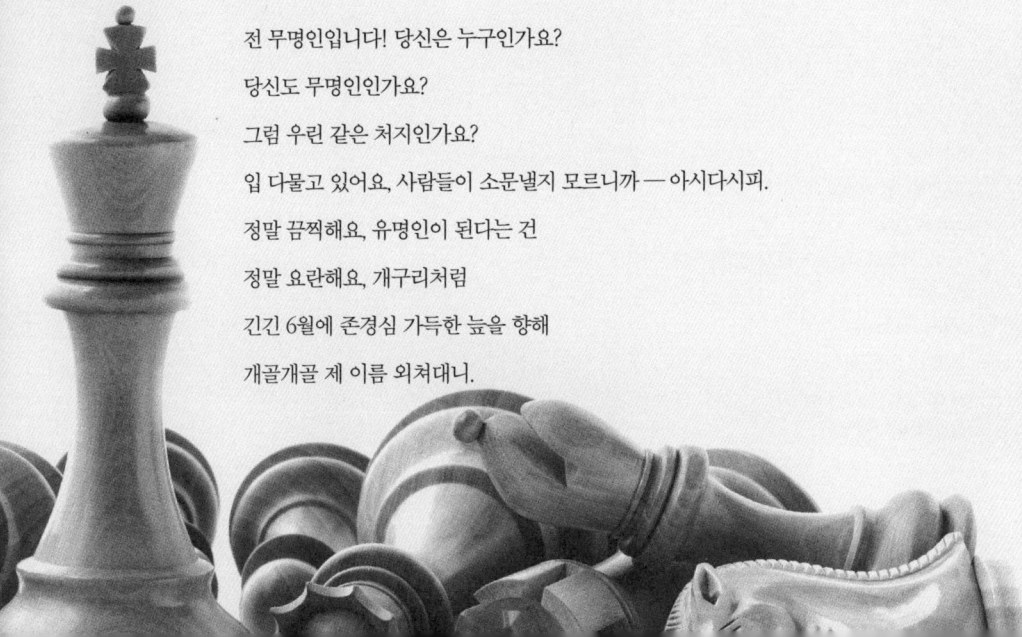

## Day1

**Hope is the thing with feathers
That perches in the soul.
And sings the tune
Without the words,
and never stops at all.**

희망은 날개 달린 것, 영혼에 내려앉아 가사 없는 노래 부르네. 그치지 않는 그 노래.

feather
: (새의) 털, 깃털
feather boa
: (여성용으로 가늘고 길게 만든) 깃털 목도리
feather duster
: 깃털로 만든 비
be as light as a feather
: 깃털처럼 가볍다

# Day2

Success is counted sweetest by those who never succeed.

성공이 그렇게 달콤한 것은 결코 성공하지 못한 사람들이 있기 때문이다.

**success**
: (명사) 성공
They didn't have much success in life.
: 그들은 인생에서 별로 성공하지 못했다.
What's the secret of your success?
: 당신의 성공 비결은 뭔가요?

**succeed**
: (동사) 성공하다
You will succeed some of these days.
: 조만간 넌 성공할 것이다.
Without the support of co-workers you will not succeed.
: 동료들의 도움이 없다면 당신은 성공할 수 없을 것이다.

# Day3

**A little Madness in the Spring Is wholesome even for the King.**

봄에 생기는 약간의 광기는 심지어 왕에게도 유익하다.

wholesome
: 건강에 좋은
He likes to read wholesome books.
: 그는 건전한 책을 읽는 것을 좋아한다.
Eating wholesome foods is good for your health.
: 건강에 좋은 음식을 먹는 것은 당신의 건강에 좋습니다.
I do not consider magic a wholesome entertainment.
: 나는 마술을 건강한 오락으로 여기지는 않는다.

# Day4

화는 내는 순간 사라진다. 화는 참을 때 더 커진다.

'tis
: (옛글투) it is의 축약형
fat
: 사람이나 동물의 몸이 뚱뚱한, 살찐, 비만인
They do not make children fat.
: 과일과 야채는 아이들을 뚱뚱하게 만들지 않는다.
Too much ice cream can also make you fat.
: 아이스크림을 너무 많이 먹으면 당신을 뚱뚱하게 할 수 있다.

Anger as soon as fed is dead-
'Tis starving makes it fat.

# Day5

There's a certain Slant of light,
Winter Afternoons--
That oppresses,
like the Heft Of Cathedral Tunes--

겨울 오후에는 대성당 선율만큼이나 억압적인 무게를 지닌 특정한 빛이 있다.

**oppress**
: 탄압하다, 억압하다
He also believes that the educational system oppresses students.
: 그는 또한 교육 제도가 학생들을 억압한다고 믿는다.
Indigestible food oppresses the stomach.
: 소화가 잘 안 되는 음식은 위에 부담을 준다.
A good government will not oppress the people.
: 훌륭한 정부는 국민에게 압박을 주지 않는다.

# [42Week]
## 조지프 애디슨 Joseph Addison

영국 수필가 겸 시인이자 정치가인 조지프 애디슨은 이미 대학 재학 중에 고전에 능통했고 라틴어로 시를 써서 인정을 받을 정도로 재능이 뛰어났다고 합니다. 평생을 정치적 요직에 있었지만 끊임없이 글을 써서 기고했으며, 소꿉 친구 스틸과 함께 《스펙테이터 Spectator》지를 창간, 계몽적인 논설과 함께 위트와 유머가 넘치는 수필을 발표했습니다. 특히 두 사람이 함께 공동창작한 《드 카바리》라는 작품에서의 시골 신사의 성격묘사는 영국 근대소설 발전에 커다란 영향을 끼쳤는데, 요즘 말로 두 사람의 케미가 정말 좋았다고 할 수 있습니다.

두 사람은 같은 듯 다른 성격을 가진 친구였는데, 스틸은 충동적이고 모험적인 반면 애디슨은 과묵하고 조심성 있는 사람이었다고 합니다. 가벼운 핀잔과 농담을 통해 독자들을 개조하려 했던 스틸과 달리 애디슨은 철학적 성품을 가지고 직접 가르치는 데 관심이 많았습니다. 애디슨은 스틸의 수다스러움 대신 명료하고도 구어체적인 문장으로 시사성 있는 문학의 문체를 확립함과 동시에 문장의 품위를 유지했습니다. 그 결과 그는 건전한 문학 취미를 형성하는 데 크게 공헌했다는 평가를 받고 있습니다. 재능 있는 두 친구의 시너지가 제대로 효과를 발휘한 셈이지요.

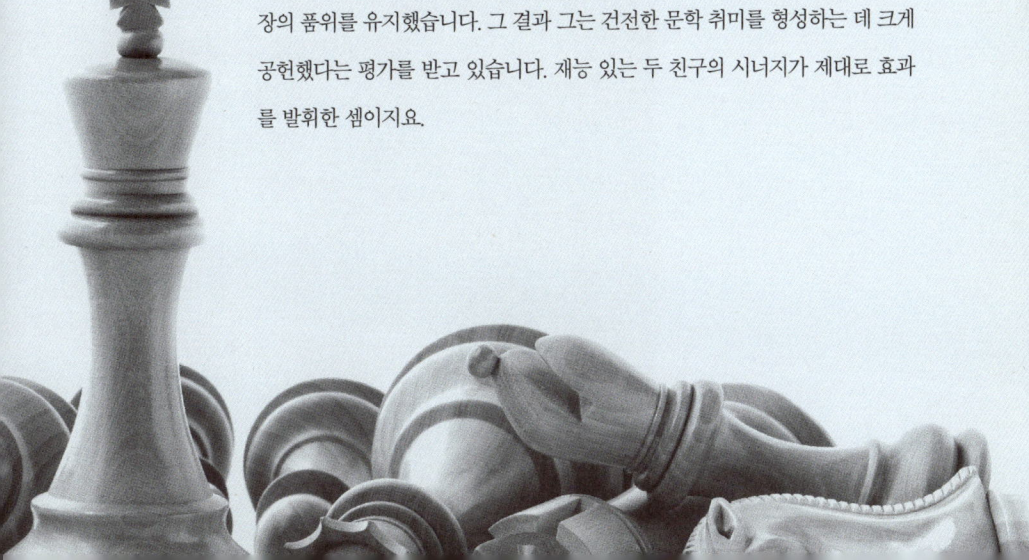

# Day1

불행은 그 자체의 악한 속성이 아니라 그를 겪는 이의 느낌을 통해 측량하는 것이다.

**misery**
: (정신적·육체적으로 심한) 고통
**die in misery**
: 비참한 최후를 맞다
**Misery me!**
: 이게 뭐람!
**misery index**
: 궁핍 지수(指數)
**make somebody's life a misery**
: ~를 비참하게 만들다

**A misery is not to be measured from the nature of the evil, but from the temper of the sufferer.**

# Day2

An ostentatious man will rather relate a blunder or an absurdity he has committed, than be debarred from talking of his own dear person.

허세부리는 자는 자신이 아끼는 사람에 대해 얘기하지 못하게 될 바에는 차라리 자신이 저지른 실수나 아둔함에 대해 얘기할 것이다.

**ostentatious**
: (재산 · 세력 등을) 과시하는
A little ostentatious, don't you think?
: 조금 과시적이네, 그렇지 않니?
He was ostentatious beyond his means.
: 그는 분수에 맞지 않게 허세를 떤다.
You know, it's a little ostentatious.
: 너도 알다시피, 그건 좀 과시적이야.

# Day3

If you wish success in life,
make perseverance your bosom friend,
experience your wise counselor,
caution your elder brother and
hope your guardian genius.

인생에서 성공하려거든 끈기를 죽마고우로, 경험을 현명한 조언자로, 신중을 형님으로, 희망을 수호신으로 삼으라.

bosom friend
: 절친한 친구
I wonder if she is to be my bosom friend.
: 나는 그녀가 나의 죽마고우가 되고 싶은지 궁금하다.

guardian
: 수호자
guardian angel
: 수호천사
act as guardian
: 후견인이 되다

# Day 4

True happiness is of a retired nature,
and an enemy to pomp and noise;
it arises, in the first place,
from the enjoyment of one's self,
and in the next from the friendship
and conversation of
a few select companions.

진정한 행복은 잘 드러나지 않으며, 화려함과 소란스러움을 적대시한다. 진정한 행복은 처음에는 자신의 삶을 즐기는데서, 다음에는 몇몇 선택된 친구와의 우정과 대화에서 온다.

**pomp**
: (공식 행사·의식의) 장관
pomp and circumstance
: 거창한 의식
with pomp and splendor
: 현란

**companion**
: 동반자, 동행
boon companion
: 아주 좋은 친구
a travelling companion
: 길동무

# Day5

인간은 웃음이라는 능력을 가졌기에 다른 동물과 구별된다.

creature
: 생명이 있는 존재, 생물
Man is a creature of impulse.
: 인간은 감정의 동물이다.
Could you be sayin' a mass for the poor creature?
: 이 불쌍한 생명을 위해 미사를 올려 주시겠습니까?
Eskimos believe every living creature possesses a spirit.
: 에스키모인들은 모든 생명체가 영혼을 가지고 있다고 믿는다.

**Man is distinguished from all other creatures by the faculty of laughter.**

## [43Week]
### 퍼블릴리어스 사이러스 <sup>Publilius Syrus</sup>

금수저, 흙수저처럼 돈에 의한 계급사회라는 비판이 들끓고 있습니다. 그러니 고대 신분제가 실제로 존재하던 시대의 불평등은 말할 필요도 없겠지요. 퍼블릴리어스 사이러스는 그 당시 시리아 출신의 노예로, 지금으로 치면 흙 중에도 진흙수저에 해당하는 신분이었습니다. 이탈리아에 팔려와 노예 생활을 했지만, 그의 재능을 알아본 주인은 그를 노예에서 해방시켜줍니다. 그 후 그는 교육을 받고 작가가 되어 주옥과 같은 말들을 남기는데, 우리에게는 마치 속담처럼 친숙한 '구르는 돌에는 이끼가 끼지 않는다.', '시도해보지도 않고는 누구도 자신이 얼마만큼 해 낼 수 있는지 알지 못한다.', '남은 많이 용서하되 자신은 결코 용서하지 말라.', '가장 높은 곳에 올라가려면, 가장 낮은 곳부터 시작해라.' 등이 바로 그 말들이랍니다.

제대로 개천에서 용 난 케이스가 아닐 수 없는데요. 사실 그 당시로서는 거의 기적에 가까운 일이라고 할 수 있지요. 많은 사람들이 기적을 꿈꾸지만, 사실 기적은 그 사람이 가지고 있는 재능이 불러오는 거라는 사실을 그의 인생을 통해 다시 한 번 배우게 됩니다.

# Day1

**It is only the ignorant who despise education.**

교육을 무시하는 것은 무지한 사람뿐이다.

despise
: 경멸하다
despise for
: ~때문에 얕보다
despise utterly
: 철저히 경멸하다
despise danger
: 위험을 경시하다
despise riches
: 부(富)를 멸시하다

퍼블릴리어스 사이러스에 관한 14가지 사실

# Day 2

인간이 가져서는 안 될 것만큼 갖고 싶어하는 것은 없다.

**so much as**
: ~조차도, ~까지도
He left without so much as saying good-bye.
: 그는 인사도 없이 가버렸다.
Nothing profits one so much as a sound education.
: 건전한 교육만큼 사람에게 도움이 되는 것은 없다.
He cannot so much as write his name.
: 그는 이름조차 못쓴다.

**We desire nothing so much as what we ought not to have.**

# Day3

모든 사람은 죽음 앞에 평등하다.

**presence**
: 사람이 (특정한 곳에) 있음, 존재(함), 참석

He is a real presence at the party.
: 그는 연회석상에서 참으로 돋보이는 존재다.

His presence per se put the Indian sign on us.
: 그의 존재 자체가 우리를 압도했다.

Your presence itself puts salt on my tail.
: 네 존재자체가 내게 활기를 준다.

As men, we are all equal in the presence of death.

# Day4

I have often regretted my speech, never my silence.

내가 한 말에 대해서는 종종 후회하지만 침묵한 것을 후회한 적은 없다.

regret
: 후회하다
sincere regret
: 진정한 후회
deep regret
: 절실한 후회
to my regret
: 유감스럽게도

# Day 5

**It is a bad plan that admits of no modification.**

수정을 용납하지 않는 계획은 나쁜 계획이다.

**modification**
: (개선을 위한) 수정
Compare the version and modification time.
: 버전과 수정 시간을 비교합니다.
Error while computing last modification time.
: 마지막 수정 시간을 계산하는 중 오류가 발생했습니다.
Last modification date of state information.
: 상태 정보의 마지막 수정 날짜.

[44Week]
## 자연주의 작가, 헨리 데이비드 소로우 David Thoreau

헨리 데이비드 소로우는 일평생 정치적, 사상적 부당한 행위와 사고방식에 대항하여 개인적 독립을 주장, 실천한 인물입니다. 그는 하버드 대학 졸업 후 교편을 잡았지만, 학생 체벌 방침에 항의하여 그만두었으며, 아버지의 연필 공장에서 일하기도 했지만 '돈의 노예'가 되는 것이 두려워 그것조차 그만두고 토지 측량, 조경 관리, 목수, 석공 등 다양한 직업을 전전했다고 합니다. 그러다 1845년 독립기념일인 7월 4일 개인의 독립을 선언합니다. 직접 지은 오두막에서 직접 농사지은 것을 먹으며 꼭 필요한 것들만 갖춘 채 소박하게 살기 시작한 것입니다. 이는 당시 산업화의 빠른 흐름 속에 판치는 물질만능주의와 사치 풍토에 성찰을 호소하기 위함이었습니다. 이 실험의 결과물이 그에게 불멸의 명성을 안겨준 책《월든》입니다.

하지만 이 책도 그의 생전에 영광을 보지는 못했습니다. "내 방에 900권의 책이 있는데, 그 중 700권이 내 책이오.(700권의 팔리지 않은 책을 갖고 있다는 의미)"라는 소로우의 말이 있을 정도로 그가 쓴 책들은 살아생전에는 빛을 보지 못했습니다. 빛을 보기는커녕 사람들로부터 '아집과 궤변을 늘어놓는 기이한 괴짜의 자기만족적 행태다', '매국노적 행위다' 하는 지탄을 받았지요. 하지만 그는 그의 신념의 실행을 중단하지 않았습니다. 그리고 이제 그의 책은 미국의 경전과도 같이 여겨질 정도로 오랜 시간 많은 이들의 정신을 울리고 있지요.

# Day 1

**Do not hire a man who does your work for money, but him who does it for love of it.**

돈을 위해 당신의 일을 돕는 사람을 고용하기보다는 그 일을 사랑하는 사람을 고용하라.

hire
: (사람을) 고용하다
We have to hire some more workers for the factory.
: 우리는 공장에서 일할 근로자를 좀 더 채용해야 합니다.
I think we can afford to hire only one right now.
: 제 생각에 현재로서는 한 사람만 고용할 수 있을 것 같아요.
He will hire three new hands next week.
: 그는 다음 주에 세 명의 일꾼을 고용할 것이다.

# Day 2

How many a man has dated a new era in his life from the reading of a book.

한 권의 책을 읽음으로써 자신의 삶에서 새 시대를 본 사람이 너무나 많다.

**era**
: (특정한 성격·사건에 의해 다른 시대들과 구별되는) 시대
This is an era of mass communication.
: 현재는 매스컴의 시대다.
iPod is just reinvented Apple for a new era.
: 아이팟 덕분에 애플 사는 새로운 시대를 맞게 되었습니다.
Speeches are arranged sequentially by era.
: 연설들은 시대에 의해서 연속적으로 정리될 것입니다.

# Day3

**Man is the artificer of his own happiness.**

인간은 자신의 행복의 창조자다.

**artificer**
: 기능공, 공장(工匠), 숙련공
the Great Artificer
: 조물주
The figures provided are for all ratings engineers (mechanics, technicians and artificers).
: 제시된 숫자는 순위 매겨진 모든 엔지니어들(기계공, 기술공 그리고 숙련공)을 말한다.
Artificers are currently the subject of a sustainability study.
: 숙련공은 지금 지속가능성 연구의 대상이다.

헨리 데이비드 소로우_월든 북트래일러

# Day 4

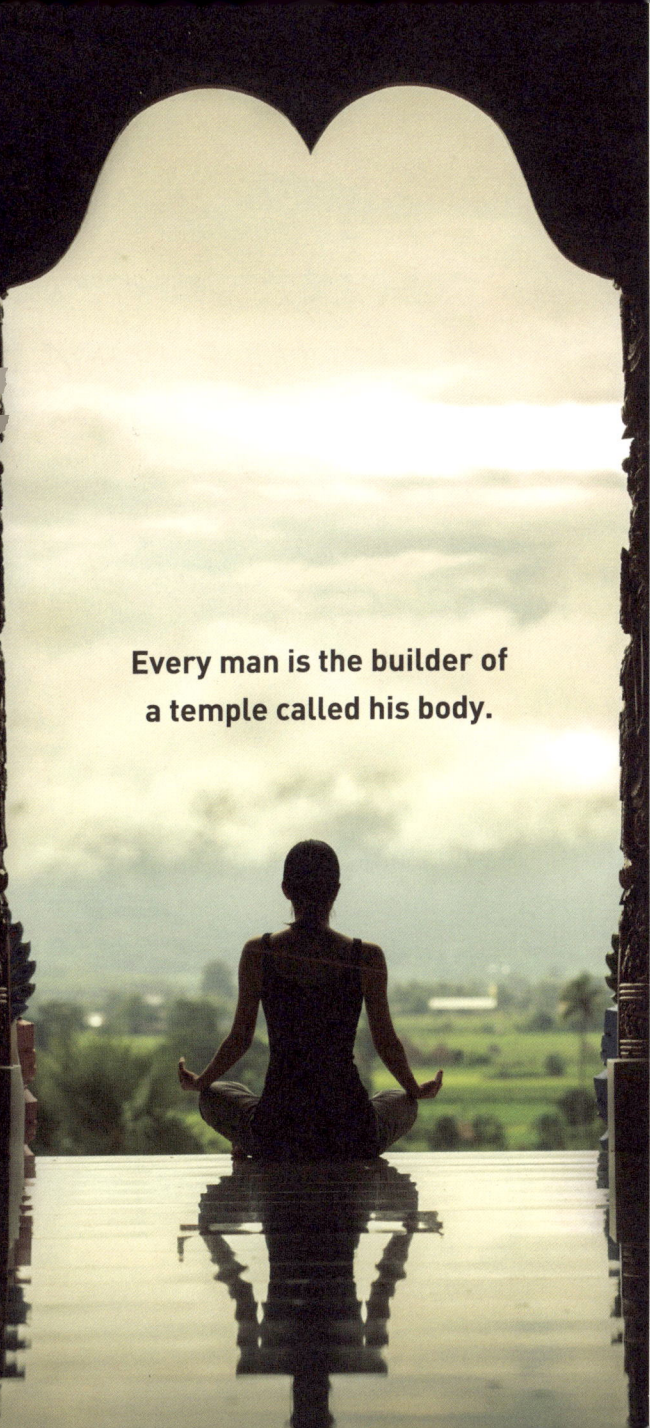

Every man is the builder of a temple called his body.

모든 사람은 자신의 몸이라는 신전을 짓는 건축가이다.

**builder**
: 건축가, 건축업자, 건축 회사
a confidence builder
: 자신감을 북돋워 주는 것
builder-upper
: 체력이나 의욕을 향상시키는 사람
castle-builder
: 공상가
a health builder
: 건강 증진제

# Day5

더 많이 사랑하는 것 외에 다른 사랑의 치료약은 없다.

remedy
: 처리 방안, 해결책
to remedy a problem
: 문제를 바로잡다
a folk remedy
: 민간 요법
a valid remedy
: 효과적인 치료
a heroic remedy
: 극단적인 치료
remedy one's shortcomings
: 단점을 보완하다

**There is no remedy for love but to love more.**

헨리 데이비드 소로우_나는 어디서 무엇을 위해 살았는가

## [45Week]
### 인간을 향한 연민, 빅토르 위고 Victor Hugo

빅토르 위고의 아버지는 장군으로 아들 역시 군인이 되기를 원했지만 아들이 가진 문학성을 꺼뜨리지는 못했습니다. 빅토르 위고는 일찍이 문학에 재능을 보이며 다양한 아카데미 콩쿠르에 입상, 형 아베르와 함께 낭만주의 운동에 영향을 미친 잡지 《Conservateur Littéraire》를 창간합니다. 이후 시, 소설, 희곡 등을 발표하였고 그를 중심으로 낭만주의자들의 세나클(클럽)이 형성되며 낭만주의자들의 주축이 되었습니다. 문학가로도 정치인으로도 성공한 삶을 이루었던 그였지만, 그의 가정사는 그리 순탄치 않았다고 합니다.

어린 시절부터 친구였던 첫 번째 부인과는 어머니의 반대로 결혼하지 못하고 있다가 어머니가 돌아가신 이후 겨우 결혼할 수 있었다고 합니다. 둘 사이에 다섯 명의 자녀를 보았는데, 첫째 아들은 신생아 때 사망했고, 그 후 첫 딸을 얻게 된 빅토르 위고는 모든 사랑과 애착을 첫 딸에게 쏟았는데 결혼 후 센 강에서 뱃놀이 도중 배가 뒤집혀 사망하고 맙니다. 그녀를 구하려 강에 뛰어든 남편과 함께. 그 후 빅토르 위고는 10년 동안을 절필하고 슬퍼했다고 하는데요. 첫 딸에 대한 편애 때문이었는지 막내딸은 연인이었던 영국 장교와 헤어지자 정신병으로 정신병원에 갇혀 생을 마감했다고 합니다. 그래서 일까요? 그의 작품들에는 유난히 인간을 향한 연민과 구원으로 가득합니다. 자신이 지켜주지 못했던 딸들에 대한 연민과 속죄가 작품에 묻어난 것이 아닐 런지요. 이 세상 어떤 이도 자신의 삶에 만족하지 못한다는 걸 다시 한 번 느끼게 됩니다.

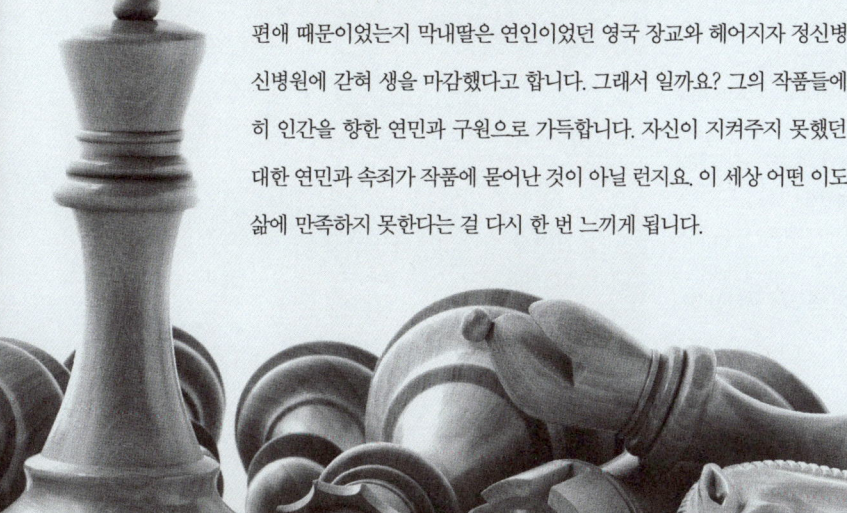

# Day 1

**Life's greatest happiness is to be convinced we are loved.**

인생에 있어서 최고의 행복은 우리가 사랑받고 있음을 확신하는 것이다.

**convince**
: 납득시키다, 확신시키다
It didn't convince me, that's for sure.
: 확실히 설득력이 없었어요.
He managed to convince voters that he was for real.
: 그는 유권자들에게 자기가 진심임을 납득시키는 데 성공했다.
Didn't our first meeting convince you?
: 우리의 첫 만남이 당신을 확신시키지 못했나요?

# Day 2

인기란? 명예의 잔돈이다.

**popularity**
: 인기
His novels have gained in popularity over recent years.
: 그의 소설은 최근 몇 년간 인기를 얻고 있다
He enjoyed popularity with his fellow workers.
: 그는 동료 사이에 인기가 있었다.
She is now at the peak of her popularity.
: 그녀는 인기 정상에 있다.

Popularity?
It is glory's small change.

빅토르 위고_샌드아트

# Day3

미래를 창조하기에 꿈만큼 좋은 것은 없다. 오늘의 유토피아가 내일 현실이 될 수 있다.

**flesh**
: (사람·동물의) 살, 고기
**flesh and blood**
: (평범한·정상적인) 인간
**flesh something out**
: ~에 살을 붙이다, ~을 더 구체화하다
**flesh wound** 얕은 자상(속의 뼈나 장기는 다치지 않고 살만 베인 상처)

**There is nothing like dream to create the future. Utopia to-day, flesh and blood tomorrow.**

# Day4

Have courage for the great sorrows of
life and patience for the small ones;
and when you have laboriously
accomplished your daily task,
go to sleep in peace. God is awake.

인생에 큰 슬픔이 닥칠 때에는 용기를, 작은 슬픔에는 인내심을 가져라. 그리고 땀 흘려 일과를 마친 후 편안히 잠자리에 들라. 신께선 깨어 계신다.

**laboriously**
: 힘들게, 열심히, 공을 들여서
a laborious affair
: 고된 일
one's most laborious work
: 심혈을 기울인 작품
study laboriously
: 닥치는 대로 공부하다

# Day 5

적의 침략은 저항할 수 있지만, 그 시대가 도래한 사상에는 저항할 수 없다.

invasion
: (적군의) 침략, 침입

Some people say that CCTVs are an invasion of privacy.
: 어떤 사람들은 CCTV가 사생활을 침해한다고 말한다.

The new movie is about an alien invasion of Earth.
: 새 영화는 외계인의 지구 침공을 다루고 있다.

The invasion is in four days?
: 침공이 4일뒤 인가요?

An invasion of armies can be resisted, but not an idea whose time has come.

빅토르 위고_레미제라블OST

# Chapter 4.
## 어떤 말, 어떤 생각

누군가의 인생과 신념의 대변이기도 하고
누군가의 위로와 사랑의 표현이기도 한 말.
어떤 위치에서 어떤 삶의 태도를 가졌느냐에 따라 달라져야 할 말.
다양한 인생들이 남긴 말들 속에서 찾아야 할, 당신의 말.

대통령의 말 _ *Day1*

There is nothing to fear but fear itself.

두려움 그 자체 외에는 두려워할 것이 아무 것도 없다.
-루즈벨트(Franklin Roosevelt)

미국의 제 32대 대통령이며 미국 역사상 유일무이한 4선 대통령, 프랭클린 루즈벨트. 그는 대통령 당선 후 불과 8일 뒤부터 라디오 연설을 시작합니다. "좋은 밤입니다, 친구들."로 시작하는 방송은 담화문이나 훈시가 아닌 친근한 대화였습니다. 뇌출혈로 사망하기 전까지 그는 거의 종신집권을 한 셈이지만 국민 누구도 그를 독재자라고 부르지 않았던 이유는 바로 그가 국민과 소통할 줄 알았기 때문이 아닐까요?

**itself**
: (it의 재귀대명사형) 그 자신, 스스로(사물·동물의 행동 대상이 그 자신일 경우에 씀)
**in itself**
: 그것 자체가, 본질적으로
**(all) by itself**
: 저절로
**to itself**
: 혼자 차지하여

# Day2 _대통령의 말

**My job is not to represent Washington to you,
but to represent you to Washington.**

내 직업은 국민들에게 정부를 대변하는 것이 아니고,
정부에게 국민들을 대변하는 것이다.
-버락 오바마(Barack Obama)

오바마는 미국의 제 44대 대통령으로 최초의 흑인 대통령입니다. 그는 흑인, 그것도 혼혈 흑인인 탓에 끊임없이 정체성에 대해 고민해야 했고, 청소년기에는 마약에 손을 대기도 했습니다. 하지만 자신의 고민을 사회로 확대하면서 23살 때부터 시민단체 운동가로 일하기 시작했고 뒤늦게 변호사가 되어 정치에 입문합니다. 대중은 그의 말에 매혹되었고 그가 제시하는 비전에 열광했지요. 개인의 고민이 주변으로, 사회로 확대될 때 그것은 세상을 바꿀 수 있습니다.

**represent**
: 대표하다, 대신하다
**representative**
: 대표(자)
**representation**
: '(특정한 방식으로의) 묘사'라는 의미와 함께 '대표자를 내세움, 대의권'이라는 의미로도 사용됨

대통령의 말 _ *Day3*

**Courageous people do not fear forgiving for the sake of peace.**

용감한 사람들은 평화의 목적을 위해 남을 용서하는 것을 두려워하지 않아요.
-넬슨 만델라(Nelson Rolihlahla Mandela)

남아프리카공화국 최초의 흑인 대통령이자 흑인인권운동가로, 국가 반역죄로 체포되어 종신형을 받고 27년여 간을 에스퀴티니섬 로벤 아일랜드 감옥에서 복역하면서 세계 인권운동의 상징적인 존재가 되었습니다. 석방 이후, 백인정부와 흑인 종족 사이에서 협상을 벌여 민주적인 선거를 관철시키고 최조의 흑인 참여 자유 총선거에서 대통령에 선출되는 쾌거를 거둡니다. 수감 생활 가운데서도 굽히지 않은 신념과 투쟁으로 인종 분쟁의 종식을 끝내 이루어낸 것입니다.

**sake**
**: 동기, 이익, 목적**
for something's sake
: ~을 위해서(~의 가치·이익을 위해서)
for old times' sake
: 옛정을 생각해서
for your sake
: 너의 체면을 보아

287

# Day 4 _ 대통령의 말

**Success doesn't come to you, you go to it.**

크게 실패할 용기가 있는 자만이 크게 이룰 수 있다.
- 존 F. 케네디(John F. Kennedy)

미국 35대 대통령 존 F. 케네디는 인물뿐 아니라 가문으로도 유명하지요. 하지만 사실 케네디 가에서 촉망받던 인물은 형 조지프와 동생 로버트였습니다. 존은 공부에 전념하는 스타일이 아니었고 말썽도 제법 피우던 평범한 아이였지요. 그런 그를 향해 아버지는 이런 편지를 써서 전했다고 합니다. '잔소리꾼이 되기 싫다. 너의 재능은 탁월해. 판단이 정확하고 이해력 깊은 사람이 되어주기를!' 이후 존이 하버드대학을 졸업할 때 아버지는 '믿어 의심치 않는다. 네가 누구보다 지혜롭다는 것, 그리고 나의 멋진 아들이라는 것. 졸업 축하한다.'라는 축전을 보냈다고 해요. 때로는 가슴을 찌르는 질책보다 절대적인 신뢰와 격려가 더 큰 자극이 될 수 있습니다.

**come**
: (~쪽으로) 오다
**come by something**
: (힘쓴 끝에) ~을 얻다
**come by**
: (누구를 보러) 잠깐 들르다
**come at somebody**
: (공격하듯이) ~에게 달려들다

대통령의 말 _ **Day5**

One man with courage makes a majority.

용기 있는 한 사람이 다수의 힘을 갖는다.
-앤드류 잭슨(Andrew Jackson)

미국 제 7대 대통령으로 미국 민주주의 발전에 노력한 인물입니다. 아일랜드 이민자의 아들로, 태어나기도 전에 아버지를 여의고 홀어머니 손에 자란 미국 대통령들 가운데 가장 서민적인 대통령으로 링컨과 함께 꼽히기도 하지요. 그에게는 올드 히코리라는 별명이 있었는데 히코리나무처럼 단단하고 굽힘이 없는 사람이라는 뜻이었다고 합니다. 그만큼 그는 다혈질에 성마른 성격이었고, 목표를 세우면 세상 어떤 것의 방해에도 흔들리지 않았습니다. 불우한 환경을 딛고 변호사와 전쟁영웅, 그리고 대통령이라는 자리까지 오를 수 있었던 것은 이런 그의 집념과 끈기 때문이 아니었을런지요.

**majority**
: (특정 집단 내에서) 가장 많은 수, 다수
**overall majority**
: 절대 다수
**hold a majority (of)**
: 과반수를 차지하다

# Day1 _ 언론인의 말

독일의 혁명가이자 미국의 정치인, 미 육군 장군이자 저술가, 신문 편집자 및 기자이기도 한 카를 슈르츠는 그가 거쳐 온 직업들이 이야기해주듯이 망명부터 대선운동 및 전쟁까지 일반인들이 겪기는 어려운 삶의 과정을 거쳐 온 인물입니다. 그는 결국 독일 태생의 미국인으로는 최초로 미국 상원 의원에 선정되어 역사에 기록되었는데요. 그를 이 운명으로 이끈 것은 아마도 손에 잡히지 않지만 밝게 빛나는 이상이라는 별이었나 봅니다.

**seafaring**
: 항해의, 선원의, 해양 관련업의
a seafaring nation
: 해양 국가
seafaring life
: 뱃사람의 생활
a seafaring man
: 선원, 뱃사람

Ideals are like stars: you will not succeed in touching them with your hands, but like the seafaring man on the ocean desert of waters, you choose them as your guides, and following them, you reach your destiny.

이상은 별과 같다. 손으로 만져지는 못하지만 망망대해의 항해자처럼 그것을 길잡이로 삼아 따라가면 운명에 도달한다.
-카를 슈르츠(Carl Schurz)

언론인의 말 _ *Day2*

**Laughter is inner jogging.**

웃음은 마음의 조깅이다.
-노먼 커즌즈(Norman Cousins)

미국의 언론인이자 평화운동가인 노먼 커즌즈는 일본 히로시마 원자폭탄 피해에 충격을 받고 원자폭탄 비판운동을 전개합니다. 이후 세계연방주의자협회의 회장이 되지요. 활발한 활동을 펼치던 그에게 큰 시련이 닥쳐옵니다. 바로 당시 희귀병이었던 강직성척추염에 걸린 것이었습니다. 하지만 긍정적인 사고와 웃음의 철학을 통해 기적적으로 병을 회복했고 이후 '웃음의 아버지'로 전 세계에 알려졌습니다. 자, 이제 그의 명언을 실천해보고 싶은 강한 열망이 들지 않나요?

**inner**
: 내부의, 중심부 가까이의, 내밀한, 내면의
We can't change our true inner nature.
: 우리의 타고난 본성을 바꿀 수는 없다.
Create inner rooms inside this room.
: 이 룸 안에 내부 룸을 만드십시오.

# Day 3 _ 언론인의 말

**No one has a right to sit down and feel hopeless.
There's too much work to do.**

주저앉아 절망할 권리는 아무에게도 없다.
그러기에는 해야 할 일이 너무나 많다.
-도로시 데이(Dorothy Day)

도로시 데이는 사회주의 표방 일간지에서 반자본, 반전쟁의 논지로 기사를 쓰고, 여자에게 선거권과 피선거권이 없는 것에 항의하며 백악관 앞에서 시위를 벌이다 독방에 감금됩니다. 그 곳에서 성경을 읽다가 종교에 귀의하게 되고, 이후 카톨릭 사회교리를 바탕으로 사회를 변화시키는 진보적 신문 〈카톨릭 노동자〉를 창간하고 무료급식소 '환대의 집'을 열어 사회의 소수자들을 돌봅니다. 자신의 주장을 외치는 사람은 많지만 그 주장만큼 살아내는 사람은 드뭅니다. 당신의 삶은 어떤 삶에 가까운가요?

### hopeless
: 가망 없는, 절망적인
### hopeless news
: 절망적인 소식
### a hopeless voice
: 절망적인 목소리
### be hopeless
: 치료할 수 없다

언론인의 말 _ **Day 4**

If you don't learn to laugh at trouble, you won't have anything to laugh at when you're old.

걱정거리를 두고 웃는 법을 배우지 못하면 나이가 들었을 때 웃을 일이 전혀 없을 것이다.
-에드가 왓슨 하우(Edgar Watson Howe)

하우는 미국의 소설가이자 신문 편집인으로, 그의 가장 유명한 소설로는 《컨트리 타운 이야기 The Story of a Country Town》(1883)가 있습니다. 이 소설은 중서부 공동체의 좁은 삶에 대한 강력하고 멜로 드라마적인 이야기인데, 수많은 출판사에서 거부당한 후 개인적으로 인쇄되었다. 이 책이 처음부터 대중의 사랑을 받지는 못했지만, 자연주의 픽션의 중요한 선구자적인 작업으로 인정받았고 꾸준히 사랑을 받았습니다. 자신의 명언처럼 마음대로 풀리지 않는 현실에서 웃는 법을 알았기에 그의 작품은 세상의 빛을 볼 수 있었습니다.

**trouble**
: 문제, 곤란, 골칫거리
**trouble spot**
: 분쟁 다발 지역
**engine trouble**
: 엔진 고장
**look for trouble**
: 사서 고생을 하다

# Day5 _언론인의 말

시인이자 언론인으로 노년에도 활발한 작업을 했던 스탠리 쿠니츠의 유년시절은 불행 그 자체였습니다. 자신이 태어나기 전 자살한 아버지, 그리고 파산 신청을 하기까지 어려웠던 가정 형편. 하지만 그는 그 불행을 노년까지 이어가지 않았습니다. 퓰리처상, 내셔널 매달 오브 아트, 내셔널 북 어워드 등을 수상하며 자신의 글에 대한 재능과 노력을 인정받았지요. 누구도 쉽게 인생을 사는 사람은 없습니다. 당신이 절실히 바란다면, 인생이라는 기차를 움직이는 연료처럼 당신의 욕망을 불태워 보세요.

**desire**
: 욕구, 갈망

arouse a desire
: 욕망을 일으키다

whet (a) desire
: 욕망을 자극하다

an inordinate desire
: 엉큼한 생각

**What makes the engine go?
Desire, desire, desire.**

삶의 원동력은 무엇일까?
첫째도 욕망, 둘째도 욕망, 셋째도 욕망이다.
-스탠리 쿠니츠(Stanley Kunitz)

성공한 여성들의 말 _ *Day1*

**Don't sit down and sit for the opportunities
to come; you have to get up and make theme.**

가만히 앉아서 기회가 오기를 기다리지 마라.
<u>스스로 일어나 기회를 만들어야 한다.</u>
-C. J. 워커

미국 흑인 여성 사업가로 가난과 여성 차별, 인종 차별을 극복하고 백만장자가 된 인물입니다. 어린 시절 부모의 학대와 버림을 받은 그녀는 차별과 어려움에도 불구하고 모발 화장품 회사를 세워 20세기 초 업계를 평정했습니다. 도저히 불가능하다고 생각되는 일을 이루는 사람은 언제나 능동적이고 열정적이라는 공통점을 가지고 있나 봅니다.

**opportunity**
: 기회
**an unmissable opportunity**
: 놓쳐서는 안 될 기회
**miss a golden opportunity**
: 절호의 기회를 놓치다
**take an opportunity**
: 기회를 포착하다

# Day2 _ 성공한 여성들의 말

미국 제 42대 대통령을 지닌 빌 클린턴의 배우자이자 정치인으로 연방 상원의원과 국무장관을 지냈습니다. 그녀는 최초의 석사학위 이상을 가진 퍼스트레이디이기도 했는데, 퍼스트레이디들의 사무실이 보통 동관에 있었던 것과 달리 그녀는 대통령 집무실이 있는 서관에 집무실을 가졌을 정도로 영향력 있는 활동을 펼쳤습니다. 그녀의 자신감 넘치는 태도와 뚜렷하고 추진력 있는 정치적 능력은 그녀를 최초의 여성 대통령 후보에 까지 오를 수 있게 만들었습니다.

**merit**
: 가치, 훌륭함
**merit pay**
: 성과급, 공로 수당
**merit rating**
: 인사 고과, 근무 평정
**literary merit**
: 문학적 가치

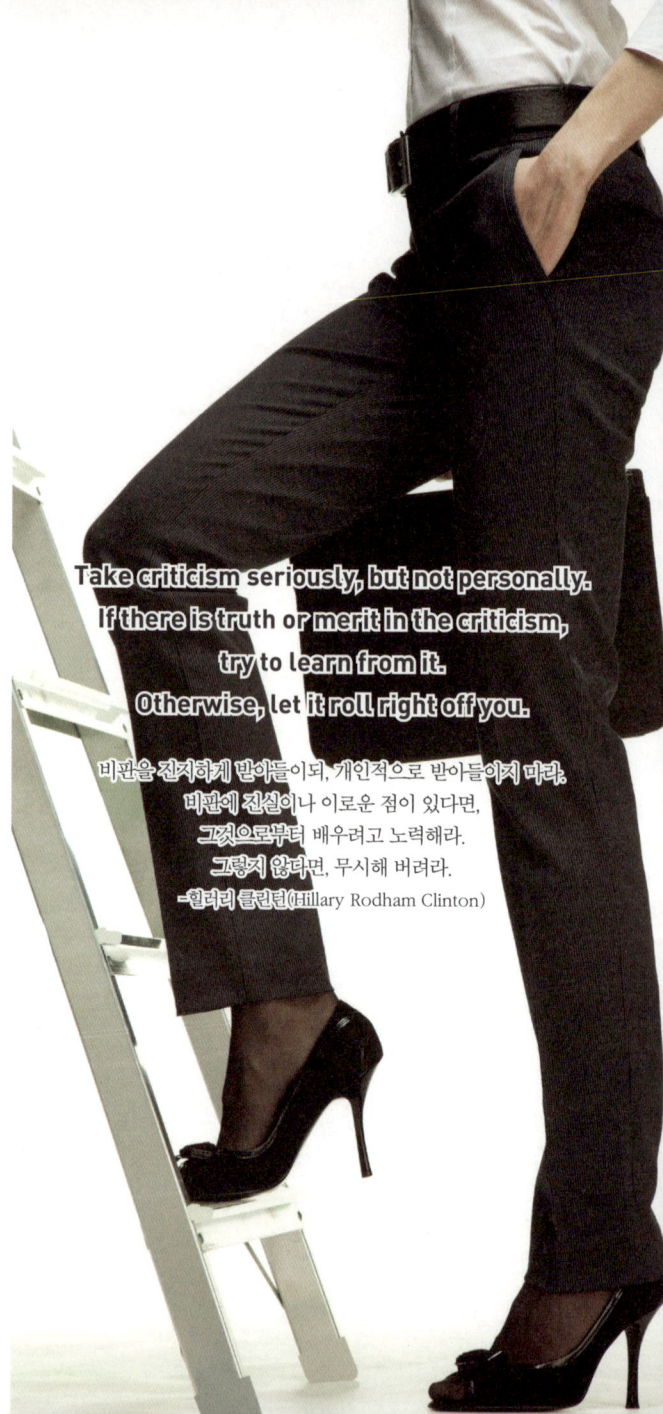

Take criticism seriously, but not personally.
If there is truth or merit in the criticism,
try to learn from it.
Otherwise, let it roll right off you.

비판을 진지하게 받아들이되, 개인적으로 받아들이지 마라.
비판에 진실이나 이로운 점이 있다면,
그것으로부터 배우려고 노력해라.
그렇지 않다면, 무시해 버려라.
-힐러리 클린턴(Hillary Rodham Clinton)

성공한 여성들의 말 _ *Day3*

재키 그리어는 미국 최초의 주요 은행 여성 은행장으로, 여성이 성공하기 어려운 분야에서 유리 천정을 뚫은 대표적인 여성으로 손꼽히고 있습니다. 어느 업종보다 보수적이고 남성 주도적인 분야로 알려진 금융권에 여성리더십이라는 변화의 바람을 불러일으킨 그녀. 그리어의 말에서 구태의연한 옛 관습과 분위기를 과감히 버릴 줄 아는 대담함까지 느껴집니다.

**take away**
: 제거하다, 치우다, 줄이다, 죽이다, 떠나가다
take away opportunities
: 기회를 빼앗다
take away the appetite
: 식욕을 잃게 하다
take oneself away
: 물러가다, 떠나가다

**You don't have to be afraid of change.
You don't have to worry about
what's being taken away.
Just look to see what's been added.**

변화를 두려워할 필요는 없다. 사라지는 것에 대해
걱정할 필요도 없다. 무엇이 새로 생겨나는 지만 주목하라.
-재키 그리어(Jackie Grier)

# Day4 _성공한 여성들의 말

**I never dreamed about success.
I worked for it.**

난 성공에 대해 꿈꿔본 적이 없어요.
성공을 위해 일을 했죠.
-에스터 로더(Estée Lauder)

불황에도 불타나게 팔리는 고가의 화장품이 있습니다. 에스티 로더가 바로 그것입니다. 그녀의 명언처럼 그녀는 직접 화장품을 만들어 무료로 나눠주어 고객을 확보하는 적극성과 추진력 넘치는 전략으로 사업을 시작합니다. 이후 그녀는 세일즈의 귀재라 불릴 정도로 다양한 전략으로 회사를 세계적인 수준으로 성장시킵니다. 그녀의 말처럼, 꿈만 꾼다고 실현되는 일은 없습니다.

**dream**
: [명사] (자면서 꾸는) 꿈, (희망을 담은) 꿈/[동사] (자면서) 꿈을 꾸다
**dream on**
: 아무리 꿈꿔 봐 (그렇게 되나)
**dream something away**
: ~을 몽상하며 시간을 보내다

## 성공한 여성들의 말 _ Day 5

**Courage is the price that life exacts for granting peace.**

용기란 삶이 평화를 보장하는 대신 강요하는 대가이다.
-아멜리아 에어하트(Amelia Earhart)

여성 최초 대서양 횡단에 성공한 비행사 아멜리아 에어하트. 그녀는 생계를 위해 이민자들에게 영어를 가르치는 일을 하면서 계속 비행연습을 했습니다. 당시는 항공지도, 항법시설 등이 전무했기 때문에 거의 목숨을 건 비행이었지만 그녀의 도전은 그치지 않았습니다. 그 결과 그녀는 여성 최초로 대서양 횡단에 성공하며 역사의 한 페이지를 장식하게 됩니다.

**exact**
: [형용사] 정확한, 정밀한 / [동사] 요구하다, 받아 내다
She was determined to exact a promise from him.
: 그녀는 그에게서 약속을 받아 내기로 단단히 마음을 먹었다.
She gave an exact description of the attacker.
: 그녀는 자기를 공격한 자를 정확히 묘사했다.

# Day1 _정치인의 말

프랑스의 군인·정치가로 알제리 민족자결정책, 알제리 독립 가결로 알제리전쟁을 평화적으로 해결하여 프랑스 경제의 가장 큰 장애를 제거했다고 평가받는 인물입니다. 그가 대통령이 된 이후, 프랑스를 중심으로 유럽 민족주의를 부흥시키기 위해 활동을 전개했고 재선이 되었지만 지방제도와 상원 개혁에 대한 국민 투표에서 패배하자 대통령직을 사임합니다.

**politician**
: 정치인, 정치가

a devious politician
: 기만적인 정치가

a liberal politician
: 진보적 정치인

an embryo politician
: 풋내기 정치인

**Since a politician never believes what he says, he is surprised when others believe him.**

정치가는 자신이 한 말을 믿지 않기 때문에, 다른 사람들이 자신을 믿으면 놀란다.
-샤를르 드골(Charles de Gaulle)

## 정치인의 말 _ Day2

**He who does not hope to win has already lost.**

승리를 바라지 않는다면 이미 패배한 것이다.
-호세 호아킨 올메도(Jose Joaquin Olmedo)

에콰도르 과야킬 초대 시장이자 시인인 그는 과야킬의 깃발과 방패를 만들고 애국가를 작곡하는 등 과야킬에 일생을 바쳤다고 평가되는 정치인입니다. 그의 이름을 딴 국제공항이 있을 정도로 에콰도르 국민들의 사랑을 받은 정치인이지요.

**already**
: 이미, 벌써
I've been waiting long enough already.
: 이미 기다릴 만큼 기다리고 있답니다.
I already have a steady boyfriend.
: 난 이미 사귀는 남자친구가 있어.

# Day3 _정치인의 말

자와할랄은 인도의 초대 총리이자 비동맹주의를 선도했던 정치인입니다. 부유하고 서구적인 환경에서 자란 그는 7년의 유학생활을 하며 수학했으며 변호사 자격을 취득하여 인도로 귀국합니다. 돌아온 직후, 국민회의 모임에서 간디가 주도하는 비폭력 투쟁을 접하고 단숨에 매료되어 정치가로서의 길을 걷게 됩니다. 그에게 간디와의 만남은 인생의 방향을 확 비튼 결정적인 사건이었지요.

**filth**
: 오물, (아주 더러운) 쓰레기
in filth
: 불결한 상태로
talk filth
: 추담을 하다
filth disease
: 불결병

I want nothing to do with any religion concerned with keeping the masses satisfied to live in hunger, filth and ignorance.

나는 민중이 기아와 더러움과 무지 속에 만족하고 살도록 하는 어떤 종교와도 관련을 갖고 싶지 않다.
-자와할랄 네루(Jawaharlal Nehru)

## 정치인의 말 _ Day 4

It is these well-fed long-haired men that I fear, but the pale and the hungry-looking.

내가 두려워하는 것은 이처럼 잘 먹은 얼굴에 긴 머리를 가진 사람들이 아니고 창백하고 배고파 보이는 사람들이다.
-줄리어스 시저(Julius Caesar)

로마 공화정 말기의 정치가이자 장군으로, 폼페이우스, 크라수스와 함께 3두동맹을 맺고 콘술이 되어 민중의 큰 인기를 얻었으며 지방장관으로서는 갈리아전쟁을 수행했습니다. 이후 각종 사회정책, 역서의 개정 등의 개혁사업을 추진하였으나 원로원의 공화정 옹호파에게 원로원 회의장에서 칼에 찔려 죽음을 맞고 맙니다. 풍부한 인간성과 그가 맞은 최우의 비극성 때문에 그의 삶은 셰익스피어를 비롯한 많은 문인들의 소재가 되었습니다.

**well-fed**
: 영양이 충분한, 살찐, 뚱뚱한
Well-fed, well-bred.
: 의식이 족해야 예절을 안다
have a well-fed look
: 얼굴에 기름이 흐르다

**pale**
: 사람·얼굴 등이 창백한, 핼쑥한
She looks pale and thin in the face.
: 얼굴이 창백하고 말라 보인다.

# Day5 _정치인의 말

미국 외교관 겸 정치가인 아들라이 스티븐슨은 일리노이주 지사로 훌륭한 업적을 남겼으며 웅변과 기지가 뛰어나 큰 영향력을 행세했습니다. 특히 그는 자유주의 입장을 고수한 정치가로서, 또 공화당 정부의 정치·외교에 대한 건설적인 비판자로 역할을 톡톡히 해냈다고 평가받고 있습니다.

hungry
: [형용사] 배고픈
hunger
: [명사] 굶주림, 기아
power-hungry
: 권력에 굶주린
be hungry
: 배가 고프다

**A hungry man is not a free man.**

배고픈 사람은 자유로운 사람이 아니다.
-아들라이 스티븐슨(Adlai Stevenson)

운동선수의 말_ *Day 1*

You can learn a little from victory;
you can learn everything from defeat.

승리하면 조금 배울 수 있고 패배하면
모든 것을 배울 수 있다.
-크리스티 매튜슨(Christy Mathewson)

미국의 전 메이저 리그 베이스볼 우완 투수로, 데드 볼 시대의 투수입니다. '빅 식스'(Big Six), '더 크리스천 젠틀맨'(The Christian Gentleman), '매티'(Matty)라는 별명으로도 불렸는데, 이렇게 많은 별명이 붙을 정도로 많은 인기를 끌었습니다. 1936년 야구 명예의 전당에 처음으로 입성한 '퍼스트 파이브' 중 한 명이기도 합니다.

**defeat**
: (전쟁·시합·대회 등에서 상대를) 패배시키다, 물리치다, 이기다
defeat a competitor
: 경쟁자를 물리치다
concede one's defeat
: 패배를 시인하다

# Day2 _운동선수의 말

미국 야구계 인사로서 과거 뉴욕 양키스에서 활약한 포수이자 지도자입니다. 선수로 뛰는 동안 올스타전에 15회 출전할 만큼 메이저 리그 야구 역사상 가장 인기 있는 선수 중 한 명이었고, 통산 358홈런(포수로서 출전하여 기록한 306개의 홈런), 1,480타점의 성적을 남겨 명예의 전당에 올랐습니다. 그가 남긴 "끝날 때까지는 끝난 게 아니다 (It ain't over till it's over.)"는 전 세계적인 명언이 되었지요.

mental
: 정신의, 마음의
She was suffering from physical and mental exhaustion.
: 그녀는 육체적으로 또 정신적으로 탈진 상태에 있었다.
Do you have a mental picture of what it will look like?
: 그것이 어떤 모습을 할 것인지 마음속에 (그 모습이) 그려지니?

**Baseball is 90% mental, the other portion is physical.**

야구는 90%가 정신력이다. 나머지는 신체적인 것이다.
-요기 베라(Yogi Berra)

운동선수의 말 _ *Day3*

**It's not so important who starts the game but who finishes it.**

누가 경기를 시작했는지는 중요하지 않다.
누가 경기를 끝냈느냐가 중요하다.
-존 우든(John Robert Wooden)

미국의 농구 선수와 감독으로 활약하며 경이적인 대기록을 세운 신화적 인물로, 그가 이끈 전설적인 UCLA 농구팀은 12년 동안 88연승, 10회의 NCAA 내셔널 챔피언십(전미대학농구선수권대회) 우승이라는 대기록을 세웁니다. 세계 최고 권위를 자랑하는 스포츠 채널 ESPN에서 '금세기의 감독'이라는 칭호를 얻은 존 우든은 선수와 코치 부문 모두에서 최초로 '명예의 전당'에 오르기도 했습니다.

**finish**
: (완성하여) 끝내다[마치다/마무리짓다]
**finish up~**
: (결국) ~에 이르다
**finish with somebody**
: ~와 (관계를) 끝내다
**finish something off**
: ~을 다 마치다

# Day4 _운동선수의 말

미국 미식축구의 영웅인 빈스 롬바르디는 승률이 10%도 안 되는 팀의 코치를 맡아 챔피언 타이틀을 따낸 감독으로 유명합니다. 최초로 슈퍼볼에 진출해 2년 연송 우승했으며, 열정과 희생, 믿음에 대한 철학을 갖고 솔선수범하여 선수들에게 감동을 주었던 인물입니다. 리더십은 곧 인격이라는 것이 잘 드러나는 인물이라고 할 수 있지요.

unfortunately
: 불행하게도, 유감스럽게도
be unfortunate
: 재수가 나쁘다
unfortunate youths
: 불우 청소년
have an unfortunate destiny
: 팔자가 기구하다

**Winners never quit and never win.
Winning isn't everything, it's the only thing.
Winning is habit. Unfortunately, so is losing.**

승리자는 결코 포기하지 않으며,
포기하는 사람은 절대 승리할 수 없다.
승리자가 모든 것은 아니다. 승리는 단지 유일한 것이다.
승리는 습관이다. 불행히도 패배 역시 마찬가지다.
-빈스 롬바르디(Vince Lombardi)

운동선수의 말 _ *Day5*

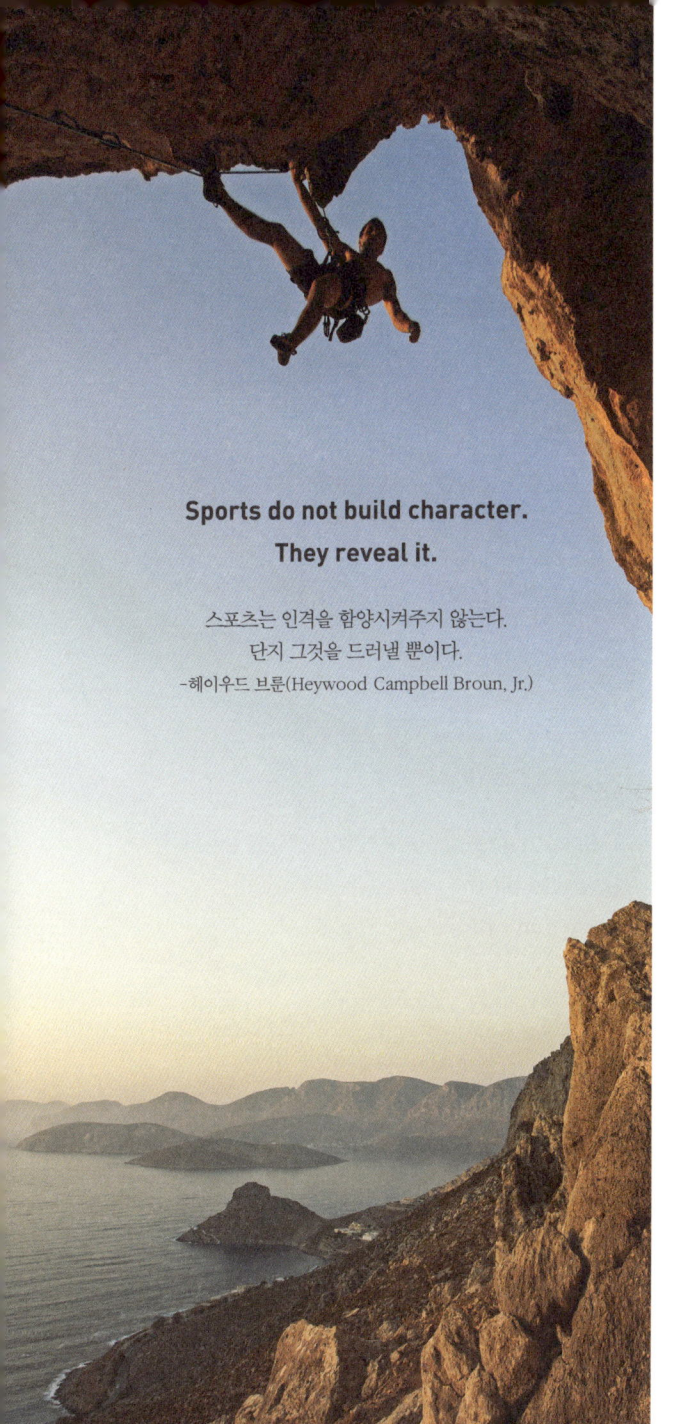

**Sports do not build character.
They reveal it.**

스포츠는 인격을 함양시켜주지 않는다.
단지 그것을 드러낼 뿐이다.
-헤이우드 브룬(Heywood Campbell Broun, Jr.)

헤이우드 브룬은 뉴욕 시에서 스포츠 기자, 칼럼니스트, 편집장 등으로 일했습니다. 오늘날의 신문협회의 전신인 미국신문협회를 설립했으며 사회적 문제에 관한 저술과 약자를 대변하여 싸운 것으로 기억되고 있습니다. 브룬은 언론인들이 잘못, 특히 사회적 병폐를 바로잡는 데 기여할 수 있다고 믿었습니다.

**reveal**
: (비밀 등을) 드러내다
to reveal a secret
: 비밀을 드러내다
reveal one's real motive
: 본심을 드러내다
reveal the whole story
: 사건의 전말을 밝히다

# Day1 _음악가의 말

핑크는 시원한 음색과 거친 창법으로 유명한 싱어송라이터입니다. 비슷한 시기에 데뷔한 브리트니 스피어스, 크리스티나 아길레라, 에이브릴 라빈과 함께 큰 인기를 끌었는데, 이들이 점차 하향세를 보이는 현재에도 핑크는 꾸준히 높은 판매량과 인기를 보여주며 활동하고 있지요. 14살 때부터 필라델피아 클럽에서 공연을 시작한 그녀는 가수로 데뷔하기까지 수많은 우여곡절을 겪었다고 합니다. 어쩌면 이런 어려움들이 그녀를 롱런의 여왕이 되는 밑거름이 되었는지 모릅니다.

### change
: 변화시키다, 바꾸다
Wait for the traffic lights to change.
: 신호등이 바뀔 때까지 기다려.
The lights changed from red to green.
: 신호등이 빨간 불에서 파란 불로 바뀌었다.

**If I could change one thing about myself,
It would be the voices in my head.
They don't like me.**

내가 만약 딱 하나만 나를 바꿀 수 있다면,
그건 내 머리 속의 목소리일 거예요.
그것들은 날 안 좋아해요
-핑크(Pink)

음악가의 말 _ *Day2*

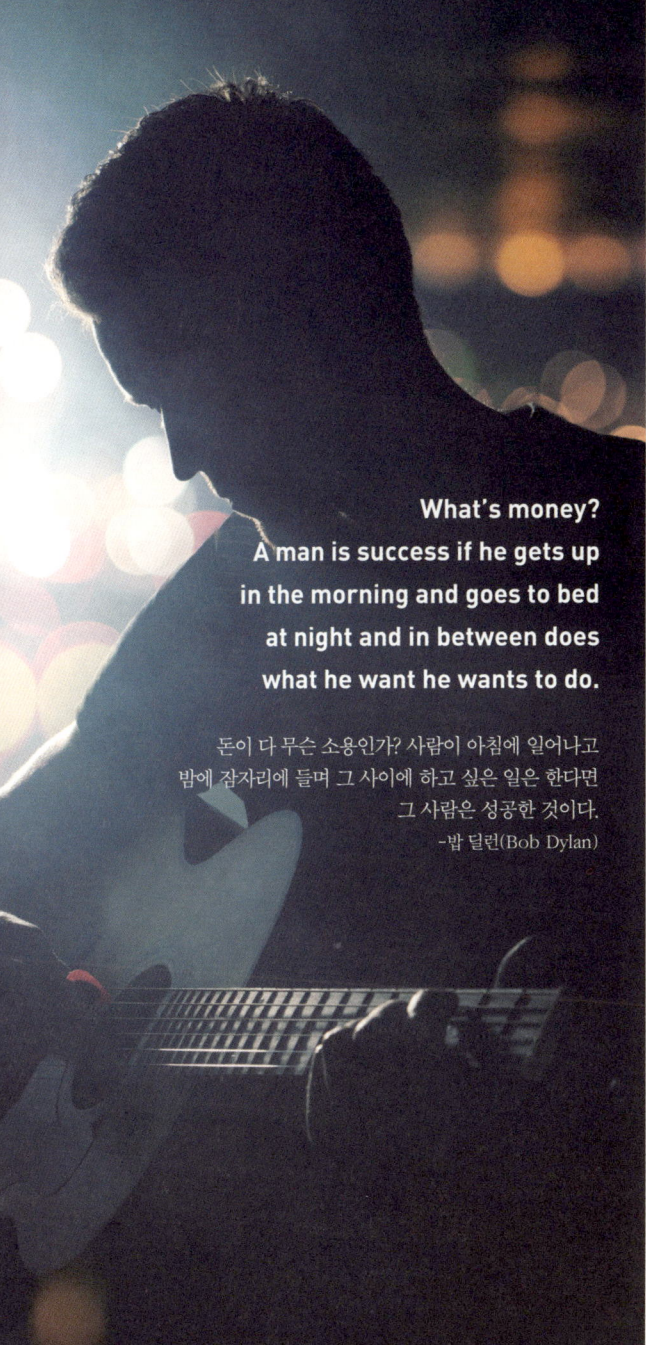

What's money?
A man is success if he gets up
in the morning and goes to bed
at night and in between does
what he want he wants to do.

돈이 다 무슨 소용인가? 사람이 아침에 일어나고
밤에 잠자리에 들며 그 사이에 하고 싶은 일은 한다면
그 사람은 성공한 것이다.
-밥 딜런(Bob Dylan)

미국 대중음악 가수이자 작사가, 작곡가로 50년이 넘도록 대중음악에 영향력을 발휘한 밥 딜런. 그의 이 간단한 말이 왜 이리 이루기 어려운 세상이 되었는지.
어둠이 으스름한 새벽녘에 일어나 좋아하지도 않은 일과 씨름하고, 별조차 져버린 깜깜한 밤에 집에 기어 들어가는 대한민국 흔한 직장인의 하루. 우리는 언제쯤 평범하고도 일상적인 성공을 이룰 수 있는 걸까요?

**between**
: 사이에
**go-between**
: 중개자
**in-between**
: 개재하는, 중간의
**betwixt and between**
: 이도 저도 아닌, 어중간한

# Day 3 _ 음악가의 말

미국의 싱어송라이터로, 휘트니 휴스턴이 부른 〈I Will Always Love You〉의 원작자, 작곡가이기도 합니다. 열두 남매 중 넷째로 태어난 그녀는 그저 먹는다는 것이 행복할 정도로 가난한 생활을 했지만 음악을 사랑했던 가족들 덕에 초등학교에 들어가기도 전에 악보를 읽는 등 음악의 재능을 키워갈 수 있었습니다. 그녀의 어린 시절은 우리에게 가정의 분위기가 얼마나 중요한지를 보여줍니다.

**put up with (somebody/something)**
: (짜증스럽거나 불쾌한 것을 불평 없이) 참다, 받아들이다

put up with hardship
: 고통을 감수하다

put up with insults
: 굴욕을 참다

put up with inconvenience
: 아쉬움을 참다

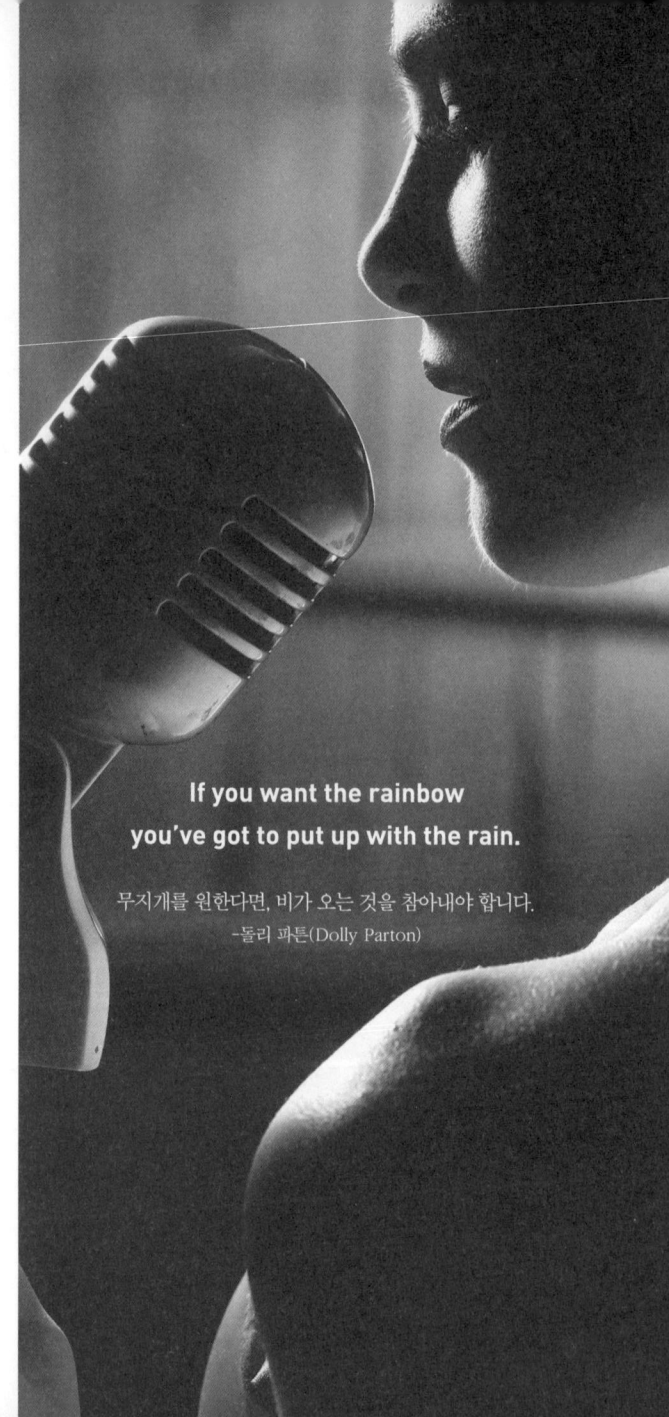

**If you want the rainbow you've got to put up with the rain.**

무지개를 원한다면, 비가 오는 것을 참아내야 합니다.
-돌리 파튼(Dolly Parton)

음악가의 말 _ *Day 4*

**Just because a man lacks the use of his eyes doesn't mean he lacks vision**

시력을 잃어버린 사람일지라도 꿈까지 잃은 것은 아니다.
-스티비 원더(Stevie Wonder)

조산아로 태어나 인큐베이터에서 지내야 했던 스티비 원더는 인큐베이터 관리자의 실수로 산소가 너무 많이 공급되어 눈의 망막이 파손되고 맙니다. 하지만 피아노, 하모니카, 드럼, 베이스 기타 등 다양한 악기 연주에 능했던 그는 불과 11살에 데뷔하였고, 수많은 히트곡을 내며 총 25번의 그래미상을 수상합니다. 시력은 잃었지만 꿈을 잃지 않았기에 그는 자신의 재능을 기적으로 빚어낼 수 있었습니다.

**lack**
: 족, 결핍
**lack funds**
: 자금이 부족하다
**lack courage**
: 용기가 부족하다
**lack the sense**
: 눈치가 없다

# Day5 _음악가의 말

로큰롤의 제왕 엘비스 프레슬리는 다양한 목소리와 다양한 장르를 포괄하며 상업적 성과까지 거둔 인물로 20세기 대중문화에서 가장 중요한 인물 중 한 사람으로 꼽히고 있습니다. 특히 비틀즈의 존 레논은 "엘비스가 나타나기 전까지 어린 시절 내게 영향을 준 것은 아무것도 없었다"고 말했을 정도로 그의 음악적 영향력은 대단했습니다. 그는 자신의 명언만큼 자신의 내면과 누군가를 움직이는 음악을 한 것이지요.

**Music should be something that makes you gotta move, inside or outside.**

음악은 당신을 움직이게 만드는 무엇이어야만 해요. 내부에서 혹은 외부적으로.
-엘비스 프레슬리(Elvis Presley)

move
: (몸 등을) 움직이다, 움직이게 하다
- Don't move! 움직이지 마!

movement
: (몸·신체 부위의) 움직임
- hand movements 손의 움직임

motion
: 운동, 움직임, 흔들림
- Newton's laws of motion 뉴턴의 운동의 법칙

속담 _ *Day1*

A broken hand works,
but not a broken heart.

부러진 손은 고칠 수 있지만,
상처받은 마음은 어찌할 도리가 없다.
-페르시아속담

페르시아는 B.C. 6세기부터 A.D. 7세기까지 이란 고원을 지배했던 나라입니다. 정복왕으로 유명한 페르시아의 다리우스 1세는 지중해연안과 메소포타미아 지방, 인도의 서북부 지역에 이르는 넓은 영토와 많은 민족을 다스렸지요. 또한 이란 고전 문화를 부흥시켰는데, 문명의 호수라는 별명에 걸맞게 다양한 문화가 섞여서 로마와 중국, 한국과 일본에까지 영향을 미쳤답니다.

**broken**
: 깨진, 부러진, 고장난
**broken heart**
: (특히 사랑하는 사람과의 이별로 인한) 상심
**broken arm**
: 먹다 남은 것
**get broken**
: 망가지다

# Day2 _속담

유대인은 전 세계에서 가장 영향력 있는 민족으로 꼽히는데, 정치, 경제, 문화, 사회, 과학, 예술 등 모든 방면에 걸쳐 그 이름이 오르내리지 않는 곳이 없을 정도이지요. 아랍권과의 대결 양상 속에서 영토 없이 뿔뿔이 흩어져 사는 가운데에서도 민족의 줄기를 지켜가는 저력을 보여주고 있기도 합니다. 그들의 저력은 어디에서 비롯되는 것일까요? 혹, 수많은 격언과 지혜의 이야기 때문은 아닐 런지요.

idle
: 사람들이 게으른, 나태한
bone idle
: 게을러빠진
be idle
: 으름을 피우다
idle talk
: 쓸데없는 이야기

The hardest work is to go idle.

가장 하기 힘든 일은 아무 일도 안하는 것이다.
-유대인 격언

속담 _ Day3

If you want to be happy for a year,
plant a garden;
if you want to be happy for life,
plant a tree.

1년간의 행복을 위해서는 정원을 가꾸고,
평생의 행복을 원한다면 나무를 심어라.
-영국 속담

영국에서는 16~17세기경에 속담을 즐겨 썼습니다. 영국에는 특히 대중의 일상생활에서 얻은 지혜를 나타낸 것이 많은데, 'Proverbs are the wisdom of the streets(속담은 세간의 지혜다)'라는 속담이 있을 정도지요. 하지만 18세기 이후부터 속담은 하류계급의 상투적인 언어라 하여, 상류계급 사람들에게서 업신여김을 받았습니다. 그러나 기지(機知)에 넘치는 간결한 표현을 가진 속담은 현재도 널리 영국 국민들 사이에 쓰이고 있습니다.

**plant**
: (나무·씨앗 등을) 심다
**plant something out**
: (더 넓은 곳에) ~을 내다 심다
**plant pot**
: 화분
**house plant**
: 실내용 화초

# Day4 _속담

인디언은 아메리카 원주민을 이르는 말로, 콜롬버스가 신대륙을 발견할 당시 1,300만 명에 이르렀는데, 백인과의 싸움에서 죽거나 쫓겨 가서 현재 남아 있는 인디언의 수는 매우 적다고 합니다. 백인들에 의해 삶의 터전을 빼앗기고 비참한 삶을 살아야 했던 그들의 처지를 생각하면 그들의 속담에 증오와 비판이 가득할 것 같지만, 오히려 인디언 속담은 간결하고 순수하고 아름다고 깊으며 심오함으로 가득합니다.

**float**
: (물 위나 공중에서) 떠가다, 떠돌다
**float about/around**
: (소문 등이) 떠돌아다니다
**float/walk on air**
: (너무 좋아서) 하늘을 날 것만 같다, 구름 위를 걷는 것 같다

**A rainbow doesn't float in the eye on the soul if there is no tear.**

눈에 눈물이 없으면 영혼 위에 무지개가 뜨지 않는다.
-인디언 속담

속담 _ Day5

**When you were born, you cried,
and the world rejoiced.
Live your life in such a manner that
when you die, the world cries and you rejoice.**

네가 태어났을 때 너는 울었고 세상은 즐거워했다.
네가 죽을 때 세상이 울고 너는 기뻐할 수 있도록 너의 삶을 살아라.
-인디언 속담

자연과 가장 가까웠던 인디언들의 속담들을 통해 우리가 잊고 있었던 우리의 자연스러운 모습을 찾을 수 있습니다. 아무렇지 않게 읽다 뒤늦게 가슴을 울리는 감동이 있는 인디언 속담처럼 깊은 생각을 담은 순수한 말을 할 수 있는 사람이 될 수 있다면 얼마나 좋을까요?

**rejoice**
: 크게 기뻐하다
**heartily rejoice in**
: ~을 실로 기뻐하다.
**rejoice over**
: ~을 크게 기뻐하다
**rejoice at**
: 흐뭇해하다

이 도서의 국립중앙도서관 출판예정도서목록(CIP)은 서지정보유통지원시스템 홈페이지(http://seoji.nl.go.kr)와 국가자료공동목록시스템(http://www.nl.go.kr/kolisnet)에서 이용하실 수 있습니다.(CIP제어번호: CIP2017024225)

## 하루 1분 인생영어

**초판 발행** 2017년 9월 29일

**엮은이** YM기획
**감수** 성재원

**책임편집** 주열매
**마케팅** 신용천 · 송문주
**디자인** 정혜욱

**펴낸이** 추미경
**펴낸곳** 베프북스
**주소** 경기도 고양시 덕양구 화중로 130번길 48, 6층 603-2호
**전화** 031-968-9556
**팩스** 031-968-9557
**전자우편** befbooks75@naver.com
**블로그** http://blog.naver.com/befbooks75
**페이스북** https://www.facebook.com/bestfriendbooks75

**출판등록** 제2014-000296호
**ISBN** 979-11-86834-47-3  14320
       979-11-86834-46-6 (세트)

· 이 책은 저작권법에 의하여 보호를 받는 저작물이므로 무단 전재와 복제를 금합니다.
· 잘못된 책은 구입하신 서점이나 본사로 연락하시면 바꿔 드립니다.
· 책값은 뒤표지에 있습니다.